法學啟蒙叢書

民法系列 ——

法律行為

■ 陳榮傳 著

Juridical Acts

Civil Law

三民書局

國家圖書館出版品預行編目資料

法律行為／陳榮傳著.－－初版一刷.－－臺北市：三
民，2010
面；　公分
參考書目：面
ISBN 978－957－14－5262－3　（平裝）
1.法律行為 2.個案研究

584.13　　　　　　　　　　　　　　　　98018133

© 法律行為

著 作 人	陳榮傳
責任編輯	陳柏璇
美術設計	陳健茹
發 行 人	劉振強
著作財產權人	三民書局股份有限公司
發 行 所	三民書局股份有限公司
	地址　臺北市復興北路386號
	電話　(02)25006600
	郵撥帳號　0009998－5
門 市 部	(復北店)臺北市復興北路386號
	(重南店)臺北市重慶南路一段61號
出版日期	初版一刷　2010年4月
編 號	S 585890

行政院新聞局登記證局版臺業字第○二○○號

ISBN　978－957－14－5262－3　（平裝）

http://www.sanmin.com.tw　三民網路書店

自　序

　　自古以來的每個社會，都會面臨「資源有限、慾望無窮」的現實，人類生活資源的供需也常發生失衡的問題。現代私法除了在物權法的部分規定，仍以有限生活資源的直接分配作為規範的重心外，已轉移焦點到生活資源的運用及再分配，並創造出許多新的動態商機。管理他人的生活資源和協助生活資源的交易，都可以作為一種專業和職業，在這個「工作鏈」之中的每個人，所賴以維生的都不再是直接分配到原始的生活資源，而是其運用及再分配所衍生出來的機會。

　　私法自治和法律行為，就是這些機會之所以出現的法律依據。每個人的日常生活，從購買餐點、文具、搭乘交通工具、找工作、存款及提款、股票下單、買樂透彩券、打行動電話，到在便利商店繳納學費、水電費等，都離不開私法自治和法律行為的範疇，這些過程也都是機會之所在。現代人雖然不見得會「言必稱私法自治」，但在生活中確實已到了「行常有法律行為」的地步。就連此次三民書局邀請筆者撰寫本書，筆者欣然同意，也是一個法律行為。

　　法律行為撐起了民商法的半邊天，且已成為現代民商法的討論核心，如果沒有法律行為制度，民商法幾乎沒有發展的可能。對於法律行為的基本問題，我國民法總則編在第四章以專章予以規定，從第 71 條到第 118 條共有 48 條的規定，占總則編條文總數近三分之一。本書的相關說明，皆是以教科書的方式，依本章

的各節規定分別撰寫，但其中第五節代理的問題，因為三民書局已規劃在本系列的另一本專書予以討論，本書僅就其條文內容提出最基本的整理，希望讀者再自行閱讀其他著作。

本書因為是法學啟蒙叢書之一，筆者儘量以接近白話的語法寫作，希望能貼近目前學子的閱讀習慣，並降低各種法學理論的爭辯評斷，以方便初學者入門。不過，也因為它是法學啟蒙的書籍，筆者為使讀者掌握相關司法實務的全貌，在寫作期間蒐集參考了數百則實務的裁判，並在內文中盡可能納入最高法院的相關判例及較新的裁判，希望藉由不同時期的案例事實介紹，描繪出圍繞著這些條文的社會動態及法律發展，讓讀者在真正的法律啟蒙之外，還能有一種身在其中的感覺。

陳榮傳　謹誌於臺北

2010 年 3 月

法律行為

contents

● ●● *contents* ─────────────

第1章 ●●●

通　則

第一節　法律行為的基本概念
one ● ●●

一、私法自治

　　公法和私法的分類由來已久，儘管分類的標準一直有不同意見，但對於私法和公法的區別，則都一致認為私法許可當事人意思自由決定，而公法則應受法律的強制拘束，不能任意或自由決定。換句話說，私法關係的成立及效力，有時不是以法律的明文規定為依據，而是以私法自治 (Privatautonomie) 的制度概念作為基礎。

　　私法自治原則的採用，宣示在私法的領域之內，係以當事人的自由意願及決策，作為其權利義務發生的根據。❶當事人積極參與私法自治的活動，固然為其帶來理財致富的可能性，但也潛藏著傾家蕩產的危機。在私法自治的原則下，私法的法律關係由當事人意思自主決定，法律的主要目的在承認當事人依照自己的意願，自我實現同時自負責任，所以法律效果的發生基本上是以當事人所表示的意思為依據，「重然諾」成了超越道德期許的一種法律規範。

　　對於私法自治，在法律上還是有二個問題需要解決：該不該承認此項原則？及此項原則適用的範圍或界限為何？值得注意的是，私人之間自由交易的程度及範圍的問題，在不同的時空環境中往往有不同的結論。❷例

---

❶　私法自治是支撐現代民法的基礎，它的經濟意義可以上溯亞當斯密的《國富論》，倫理內涵源自康德理性哲學中的自由意志。請參閱蘇永欽，〈私法自治中的國家強制〉，《民法七十年之回顧與展望論文集㈠》，臺北：元照，2000 年 10 月初版，頁 7。

❷　曾世雄教授謂：「民法就應規範之事項有自作規範者，亦有轉嫁於私法自治之原則者。不轉嫁與轉嫁間之比例如何，關係私法自治在民法中之地位。不轉嫁愈大，私法自治原則愈不重要，反之，轉嫁愈大，私法自治即益形重要。」見所著，《民法總則之現在與未來》，自版，1993 年 6 月初版，頁 21。

如在土地交易的情形，有些國家可能因為土地全為國有，而全面予以禁止；有些國家要抑制投機的交易，規定要先經過政府特許；有些國家要避免商人炒地皮，規定交易的價格以防止市場過熱。在各種不同的模式中，究竟採取那一種比較妥適，由於涉及到憲法層次的經濟體制的抉擇，並不是單純的民法考量。再加上土地的性質特殊，法律上可能基於國家安全的理由，禁止某些土地的自由交易，對於可以自由交易的土地，也可能為了保障交易安全，而規定其交易必須遵循法定的方式和程序。

　　我國法律整體來說採取私法自治的架構，即有關私法的事項，原則上由當事人自治，國家尊重當事人的意思自主性，對於當事人自主決定的事項原則上不予以干涉。在這樣的架構下，法律行為有很大的空間，但仍然受到某些限制。例如甲有 A 地，政府公告的地價為每平方公尺 5000 元，乙向甲表示願意以每平方公尺 10000 元購買，經甲允受，但乙後來反悔，僅願依公告地價給付每平方公尺 5000 元。在這個例子中，只要 A 地不是法律上禁止交易的土地，政府公告地價的目的並不在限制當事人自由決定價金，所以甲乙如依法決定價金為每平方公尺 10000 元，仍屬有效，乙仍應將契約所定的價金給付予甲。

　　在我國民法的條文中，立法者雖然未曾使用「私法自治」的用詞，但是從當事人要對自己表示的意思負責或受其拘束的規定，都可以看出立法者採納此一原則的痕跡。契約自由是私法自治最重要的核心，它主要是透過契約的訂定而實現的。就私法自治的整體而言，也是透過包含契約在內的法律行為，使當事人得以自主地創造和形塑其內心想要的法律效果，達到當事人自主決定和自負其責的雙重目標。

　　我國民法關於私法自治原則，最貼切的宣示是在第 153 條關於契約成立的下列規定：「當事人互相表示意思一致者，無論其為明示或默示，契約即為成立。」此一規定強調根據私法自治的原則，當事人享有締約的自由，其內容不以法律上有明文規定之類型為限。故當事人如就其契約之效力發生爭議，法院於適用法律前固須先認定其事實所屬之契約種類，但依最高法院實務之見解，「仍應以該契約約定之具體內容為判斷基礎，不得捨當事

人之特別約定，而遷就法律所規定之有名契約內容予以比附適用，此乃私法自治、契約自由原則之體現。」❸

二、法律行為的意義

　　法律行為 (Rechtsgeschäft) 是我國民法上的重要概念，某些條文的正確適用，甚至要先確定法律行為的意義。例如民法第 758 條第 1 項規定：「不動產物權，依法律行為而取得、設定、喪失、及變更者，非經登記，不生效力。」本條固然是針對不動產物權而規定，動產不受本條的限制，所以甲向乙買受中古車，交付後未到監理站辦理過戶登記，如果具備動產物權的變動要件，乙仍已取得該中古車的所有權，不受本條規定的限制；本條所限制的，僅限於「依法律行為而取得、設定、喪失、及變更者」，甲在自己的土地上建築房屋一棟，並未辦理保存登記，仍已取得該房屋的所有權，因為甲不是「依法律行為而取得」房屋所有權，所以不適用本條「非經登記，不生效力」的規定。

　　我國實務上也曾發生類似的案例：甲將其對乙的貨款債權 100 萬元連同該債權的擔保物權，即乙就其 A 地所設定的抵押權，與丙訂定債權及抵押權讓與契約，但依土地登記簿謄本記載，該抵押權仍登記抵押權人為甲，並未辦理變更登記為受讓人丙的名義，後來發生關於丙是否為抵押權人的爭議。❹ 在這個案例中，因為丙未辦理 A 地抵押權的移轉登記，依民法第 758 條第 1 項規定，不能依「法律行為」而取得該抵押權，但如果不是依「法律行為」而取得，即可不受本條的限制。可見法律行為之定義及範圍，實至關重要。

　　我國民法在許多條文都提到「法律行為」一詞，但對於「法律行為」的定義並未設明文規定，一般都從法律行為的功能及相關學理，認為法律

---

❸　參照最高法院 92 年臺上字第 2374 號判決。最高法院提及「私法自治」可作為承認當事人約定的效力依據者，至少尚包括 86 年臺上字第 3165 號判決、88 年臺上字第 1189 號判決及 90 年臺上字第 56 號判決。

❹　參考最高法院 91 年臺抗字第 588 號民事裁定。

行為是以意思表示為要素，依意思表示的內容，而發生一定私法上效果的行為。換言之，法律行為是一種在法律上具有意義或重要性的法律事實，其他雖然還有也會促使權利義務發生變動的法律事實或行為，但都應該與法律行為嚴格區別，在學理上也都依其性質分別以侵權行為、事實行為或準法律行為稱之。

根據上述定義，法律行為的範圍仍相當廣泛，因此在法規及學理上常再依據不同的標準，進一步為下列分類：

㈠身分行為和財產行為

依據法律行為所影響的法律關係的性質的不同，可將法律行為分為身分行為和財產行為，前者是發生身分上效力的法律行為，例如訂定婚約、結婚、認領非婚生子女及收養子女等，後者是發生財產上效力的法律行為，例如買賣土地、出租房屋、專利授權、移轉汽車所有權等，有的法律行為雖發生財產上的法律效果，卻是以基於特定的身分才發生者，例如訂定夫妻財產制契約、拋棄繼承等，故在學理上被稱為身分上的財產行為。

㈡負擔行為和處分行為

在將財產權區分為債權和物權的國家，財產行為通常也依據其所影響的權利的性質，分為債權行為和物權行為。債權行為的效力，是使當事人因而負擔應為一定給付或行為的義務，又稱為負擔行為，物權行為因直接使物權發生變動，也稱為處分行為。例如甲將 A 地出售給乙，雙方所訂定的買賣契約有效成立之後，乙在法律上為買受人，但尚非取得 A 地所有權的所有人，乙僅得依民法第 348 條規定，向出賣人甲請求交付並移轉 A 地所有權，乙此時因買賣契約而取得債權，故買賣契約為債權行為或負擔行為，嗣後甲將 A 地所有權移轉給乙的行為，則為直接使物權變動的物權行為或處分行為。值得注意的是，處分行為的範圍除了物權行為之外，還包含準物權行為在內。例如上例中的乙將其作為買受人的權利，即基於買賣契約得請求甲移轉所有權的債權，依債權讓與的方式，讓與給丙的行為（民

294 以下），因該行為使乙對甲的債權變動成為丙對甲的債權，故為處分行為，其情形雖與物權行為類似，但該行為所處分的權利為乙對甲的債權，不是 A 地的所有權或其他物權，學理上乃稱之為準物權行為。

㈢要因行為和不要因行為

法律行為依其是否應以其原因有效存在為前提，始為有效的不同，可分為要因行為（有因行為）和不要因行為（無因行為）。一般認為買賣契約、租賃契約等債權行為都是要因行為，物權行為、票據行為、債務承擔等法律行為，則為不要因行為。根據此項見解，如甲因與乙訂定出售 A 地給乙的買賣契約，並依該買賣契約移轉 A 地所有權給乙，後來發現該買賣契約應屬無效時，乙就 A 地取得的所有權，並不因為買賣契約無效而受影響。

㈣要物行為和不要物行為

法律行為在意思表示之外，如尚應有標的物之交付，始能有效成立者，稱為要物行為，動產物權行為以動產之交付為必要（民 761），固為要物行為，債權契約中的使用借貸契約（民 464）、寄託契約（民 589）等也是要物行為。不要物行為也稱為諾成行為，只要當事人的意思表示符合要件，即可有效成立，買賣契約只需當事人意思表示合致即可成立（民 153），標的物的交付或移轉所有權不是買賣契約成立的要件，而是該買賣契約的效力的一部分，即是一例。

㈤有償行為和無償行為

法律行為的當事人如果是以他方的對待給付作為對價，始提出自己的給付，即是有償行為，如果自己片面為財產上的給付，無法因此而取得他方的對待給付，則為無償行為。債權行為通常都是有償行為，贈與契約、使用借貸契約及無利息的消費借貸契約等，是較常見的無償行為。此種區分在民法第 244 條的適用上，具有重要的意義。

㈥單獨行為、契約行為和共同行為

法律行為依其成立所需的意思表示的數量的不同，可分為單獨行為、契約行為和共同行為。只要有一方當事人的意思表示者，為單獨行為，例如物權的拋棄（民 764）、撤銷或承認（民 116）、免除債務（民 343）等是；須要有雙方當事人對立的意思表示合致者，為契約行為，例如買賣契約、贈與契約、結婚、移轉土地所有權等均屬之；二個以上當事人平行的意思表示所構成的法律行為，例如數人共同捐助設立一個財團法人、社員在社團總會的決議、董事會的決議等行為，都是共同行為。單獨行為和契約行為的區別，對於民法第 78 條及第 79 條的適用，具有重要意義。

㈦要式行為和不要式行為

法律行為的意思表示須要以特定的方式為之者，稱為要式行為，不以特定的方式為必要者，稱為不要式行為。在私法自治的原則下，法律行為多屬不要式行為，例外的情形才應具備特定的方式。該特定方式的要求，是由法律規定者，稱為法定要式行為，例如期間逾一年的不動產租賃契約（民 422）、不動產物權行為（民 758）、以不動產物權行為為負擔的債權行為（民 166-1 I）、人事保證契約（民 756-2 II）、結婚（民 982）等行為是。為貫徹私法自治的原則，當事人亦得約定法律行為應具備特定的方式（民 166），此種行為稱為意定要式行為。

㈧生前行為和死因行為

法律行為依其效力發生的時期，是在當事人活存時或死亡之後的不同，可分為生前行為和死因行為(或稱死後行為)。一般法律行為都是生前行為，訂立遺囑（民 1199）是死因行為的典型。

三、法律行為的要素

根據法律行為的上述定義，法律行為應具備下列幾個要素：

㈠須有意思表示

私法自治是以當事人受其意思表示拘束為基礎，如果當事人欠缺意思表示，即無法律行為可言。例如在甲就其對乙的貨款債權 100 萬元，與丙訂定債權讓與契約的例子中，甲和丙關於甲對乙的 100 萬元貨款債權，所表示要讓原來「乙欠甲」的債權，變成「乙欠丙」的債權的意思，即為意思表示。意思表示是表意人將內心期望發生一定法律效果的意思，藉由表示行為將它表示於外部的行為。一個法律行為至少需有一個意思表示，遺囑、承認或撤銷等單獨行為都只需一個意思表示，契約乃是經由要約與承諾等二個意思表示，所構成的雙方行為，至於三個以上的意思表示所構成者，則稱為共同行為。

㈡須有一定的私法上效果，是因當事人的意思而發生

法律行為的制度功能之一，是要讓當事人對其意思表示負責，所以特定的私法上效果的發生，必須是因為當事人的意思而發生的，才是法律行為。

在上述案例中，原來「乙欠甲」的債權之所以變成「乙欠丙」的債權，是基於甲、丙所為的意思表示，甲、丙間乃有債權讓與的法律行為；至於甲因其債權而對乙的 A 地的抵押權，之所以成為丙的抵押權，乃是因為民法第 295 條第 1 項的本文規定:「讓與債權時，該債權之擔保及其他從屬之權利，隨同移轉於受讓人」，即使當事人未表示要發生這種效果的意思，也自動發生這種效果，其間就沒有法律行為。

所謂「發生」效果，不僅指在法律上生效而言，同時也包括法律效力的變更與消滅在內。有些行為雖然也須要有當事人的意思表示，但是法律效果的發生並不是基於意思表示，而是根據法律的規定發生，這種行為稱為準法律行為，也不是法律行為。❺例如民法第 80 條第 1 項規定和限制行

---

❺ 準法律行為包括三類: 意思通知、感情表示及觀念通知，其效力係由法律規定而當然發生，有認為法律行為之效力，也是因法律規定而當然發生，並非由於

為能力人訂定契約的相對人，得定一個月以上期限，催告法定代理人，確答是否承認，第 2 項規定「於前項期限內，法定代理人不為確答者，視為拒絕承認」，這裡的「視為拒絕承認」並不是法定代理人真的有拒絕承認的意思表示，而是因為對於相對人催告的這個準法律行為，法律上直接規定了它的法律效果。

在準法律行為的三個分類中，前述的催告屬於意思通知；贈與人對於受贈人為宥恕或原諒的表示（民 416 II），屬於感情表示等；民法第 129 條第 1 項第 2 款所稱的承認，依最高法院 79 年臺上字第 1145 號判決的見解，「乃債務人向請求權人表示認識其請求權存在之觀念通知，其效力之發生應類推適用有相對人意思表示之規定」。 ❻

㈢意思表示的目的，須是發生私法上的效果

當事人基於私法自治的原則，雖得藉法律行為的方式，依當事人的「意思」決定其欲發生的法律效果，但其範圍僅以私法上的效果為限。當事人的行為如以發生公法上的效果為目的，其究竟能發生何種公法上的效果，應該依公法的規定論斷，自然不是私法自治下的法律行為。有時同一行為會同時發生私法上及公法上的效果，例如購買土地時，買受人一方面要支付價金，也要繳納稅捐，但前者屬於基於私法上買賣契約的效力，後者則應依公法上有關稅捐的規定處理。

四、法律行為的要件

由於法律行為的成立生效，將使權利義務依其意思表示的內容，發生一定的變動，故法律行為是否成立生效，乃直接影響權利義務是否變動，訴訟上亦常發生系爭法律行為是否成立生效的爭議。法律行為的成立及生效，須要具備一定的要件，這些要件可以依其內容為各種分類，例如分為

行為人之意思，故認為準法律行為之概念無存在之必要者。王伯琦，《民法總則》，臺北：正中，1963 年 3 月臺初版，頁 152。

❻ 不同意見，請參閱黃立，《民法總則》，自版，1999 年 10 月 2 版 1 刷，頁 182。

關於當事人、標的物、意思表示及其他事項的要件，或依其外觀分為形式要件及實質要件，也可以依其對法律行為的影響，分為成立要件及生效要件。在法律適用及司法實務上，比較重要的分類是成立要件及生效要件，本書乃就其內容特別再說明如下：

㈠成立要件及生效要件

我國民法對於各種法律行為的規定甚多，且並未對法律行為的「成立」及「生效」要件，為條列式的明文規定，但最高法院的判例曾予以區別，[7] 故一般的論述通常乃就有關法律行為的各種規定，為綜合性的討論。對於各種規定所涉及的要件，通常從其形式判斷其究竟屬於成立要件或生效要件，例如規定關於法律行為的「成立」者，即認定其為成立要件（民 153 I、166），規定法律行為的「生效力」、「有效」或「無效」者，即認定其為生效要件（民 71～75），但有時仍不易區別。這些要件可分為所有法律行為所共同必須的一般要件，及只是特定的法律行為所必須的特別要件，並在區分「成立要件」和「生效要件」的前提下，進一步細分為一般成立要件、一般生效要件、特別成立要件和特別生效要件。[8]

---

[7] 40 年臺上字第 1496 號判例：「贈與契約之成立，以當事人以自己之財產，為無償給與於他方之意思表示，經他方允受為要件。此項成立要件，不因其贈與標的之為動產或不動產而有差異。惟以動產為贈與標的者，其成立要件具備時，即生效力。以不動產為贈與標的者，除成立要件具備外，並須登記始生效力。此就民法第四百零六條，與第四百零七條之各規定對照觀之甚明。故民法第四百零七條關於登記之規定，屬於不動產贈與之特別生效要件，而非成立要件，其贈與契約，苟具備上開成立要件時，除其一般生效要件尚有欠缺外，贈與人應即受其契約之拘束，就贈與之不動產，負為補正移轉物權登記之義務，受贈人自有此項請求權。」

[8] 鄭玉波，《民法總則》，臺北：三民，1995 年 8 月修訂 10 版，頁 225～226；施啟揚，《民法總則》，自版，2005 年 6 月 6 版，頁 193～194；王澤鑑，《民法總則》，自版，2000 年 9 月，頁 271～272；陳自強，《契約之成立與生效》，臺北：學林，2002 年 3 月初版，頁 414。

　　概括言之，法律行為的一般成立要件，是指當事人、標的（內容）及意思表示而言；一般生效要件則為(1)當事人須有權利能力及行為能力，(2)標的（內容）須合法、妥當、可能、確定，(3)意思表示須健全並趨於一致（單獨行為除外）。民法上可以認為屬於特別成立要件的規定者不多，第 153 條第 1 項規定：「當事人互相表示意思一致者，無論其為明示或默示，契約即為成立」，第 166 條規定：「契約當事人約定其契約須用一定方式者，在該方式未完成前，推定其契約不成立」，都是適例。特別生效要件的規定較多，例如(1)限制行為能力人的法律行為（意思表示），應得法定代理人的同意（民 77、79）；(2)附條件或期限的法律行為，於條件成就或期限屆至時發生效力（民 99、102）；(3)無權處分行為應經有權利人的承認（民 118）；(4)無權代理行為應經本人的承認（民 170）；(5)不動產物權，依法律行為而取得、設定、喪失、及變更者，非經登記，不生效力（民 758 I）；遺囑或遺贈行為須遺囑人死亡，始發生效力（民 1199）。

　　從邏輯上來說，法律行為如欠缺成立要件，其結果是「法律行為不存在」，如欠缺生效要件，其結果是「法律行為存在但不生效力」，但從司法實務的角度來說，關於法律行為的爭議，都發生在當事人得否主張該法律行為的效力。例如甲和乙約定，甲願將 A 屋送給乙，後來甲反悔，乙請求甲要履行該契約，雙方發生爭議而涉訟。就訴訟的結果來看，無論法律行為是不成立或不生效，結果都是主張該法律行為效力的乙敗訴，所以也常有將二種要件合而為一，而稱「有效成立」者。發生問題的，是法律行為如已具備成立要件，但仍欠缺生效要件時，是否仍具有「某種」效力？對於此一問題，最高法院曾認為不動產之贈與契約如已成立，但不生效力時，在法律上並不是完全沒有效力，因為當事人之間仍有「一般契約之效力」。❾

---

❾　最高法院 41 年臺上字第 175 號判例謂：「以非經登記不得移轉之財產為贈與者，在未為移轉登記前，其贈與不生效力，固為民法第四百零七條所明定。惟當事人間對於無償給與不動產之約定，如已互相表示意思一致，依同法第一百五十三條第一項之規定，其契約即為成立，縱未具備贈與契約特別生效之要件，要難謂其一般契約之效力亦未發生，債務人自應受此契約之拘束，負有移轉登

㈡法律行為的方式問題

對當事人而言,通常最容易注意的是法律行為的形式要件或方式問題。法律行為若皆以具備一定的方式為必要,當事人即可能因未注意法律規定的方式,或不了解法律所定的方式的具體內容,而未能如願為有效的法律行為。在私法自治的原則下,法律行為應儘量不以一定的方式為必要,以促成法律行為的有效成立,如規定以一定的方式為必要,亦應妥適認定其要件,避免過度限制法律行為的有效成立。法律上通常亦因此僅對於某些法律行為,基於由於交易安全或其他公共利益的理由,規定應具備一定的方式,其餘均未規定其方式。學理上亦稱前者為「要式行為」,後者為「不要式行為」。

「要式行為」可進一步分為「法定要式行為」和「意定要式行為」,前者是指依法律規定應具備一定方式的行為,後者是由當事人以契約決定應以一定方式為必要的行為。民法第 73 條規定:「法律行為,不依法定方式者,無效。但法律另有規定者,不在此限。」本條所規定的,即是法定要式行為在欠缺「法定方式」的法律效果。本條並非規定所有法律行為均須依法定方式為之,而指有法定方式之規定者,即應依該法定方式為之。

「方式」一詞主要是指法律行為在外觀上所呈現的形式,例如「白紙黑字」所呈現的「書面」或「字據」、加強法律效果的認識的「宣誓」或「公證」、排除隱密方式的「公開儀式」等都是,至於為增加公示作用而向政府

記使生贈與效力之義務。」44 年臺上字第 1287 號判例謂:「上訴人所稱被繼承人某甲之分產行為,如係贈與性質,雖不動產之贈與非經登記不生效力,但某甲以訟爭不動產無償給與其四子,雙方意思表示既經互相一致,依民法第一百五十三條第一項之規定,其一般契約之效力究已發生,某甲即應受其拘束,負有依約履行使生贈與效力之義務。此項義務因某甲之死亡,應由其繼承人包括繼承,被上訴人為繼承人之一,自不能違反此契約,而請求確認其就訟爭不動產仍有應繼分,並命上訴人協同辦理繼承登記。」相關的批評,請參閱王澤鑑,〈不動產贈與契約特別生效要件之補正義務〉,《民法學說與判例研究㈠》,自版,1992 年 9 月 13 版,頁 439。

機關所為的「登記」，固然亦為法律行為的一項要件，但因登記本身屬於公務員依法所為的公法行為，似不宜單純謂為法律行為的方式。

「方式」主要是指法律行為在外觀上所呈現的形式，民法關於法定方式的規定，最常見的是應以「白紙黑字」呈現的「書面」或「字據」。例如第 422 條規定：「不動產之租賃契約，其期限逾一年者，應以字據訂立之」，第 730 條規定：「終身定期金契約之訂立，應以書面為之」，第 758 條第 2 項規定：「不動產物權之移轉或設定，應以書面為之」，第 904 條第 1 項規定：「以債權為標的物之質權，其設定應以書面為之」，第 756 條之 1 第 2 項亦規定人事保證契約應以書面為之。

書面以外的其他方式，至少包括下列各種：設立社團者，應訂定章程（民 47）；設立財團者，應訂立捐助章程（民 60 I）；契約以負擔不動產物權之移轉、設定或變更之義務為標的者，應由公證人作成公證書（民 166–1 I）；結婚應以書面為之，有二人以上證人之簽名，並應由雙方當事人向戶政機關為結婚之登記（民 982）；夫妻財產制契約之訂立、變更或廢止，應以書面為之（民 1007）；兩願離婚，應以書面為之，有二人以上證人之簽名並應向戶政機關為離婚之登記（民 1050）；收養應以書面為之，並向法院聲請認可（民 1079 I）；繼承人拋棄其繼承權，應於知悉其得繼承之時起三個月內以書面向法院為之（民 1174 II）；遺囑應依下列方式之一為之：一、自書遺囑，二、公證遺囑，三、密封遺囑，四、代筆遺囑，五、口授遺囑（民 1189）。

㈢方式欠缺的法律效果

無論是民法或其他法律規定的法定方式，均有民法第 73 條的適用，其未依法定方式的法律行為，原則上均屬無效，但法律如就其法律效果，另有不同於無效的規定者，則依其規定。例如民法第 422 條規定：「未以字據訂立者，視為不定期限之租賃」，民法第 166 條之 1 第 2 項規定：「未依前項規定公證之契約，如當事人已合意為不動產物權之移轉、設定或變更而完成登記者，仍為有效」，對於欠缺法定方式的上述行為，均不得認定其為

無效。

　　民法關於「字據」或「書面」方式的規定，如採從寬認定或解釋的標準，其方式即較容易具備，如從嚴予以認定或解釋，法律行為即較有可能欠缺其方式。為統一標準並便利法律行為的有效成言，民法第 3 條規定：「依法律之規定，有使用文字之必要者，得不由本人自寫，但必須親自簽名。如有用印章代簽名者，其蓋章與簽名生同等之效力。如以指印、十字或其他符號代簽名者，在文件上，經二人簽名證明，亦與簽名生同等之效力。」此一規定可直接適用於「依法律之規定，有使用文字之必要」的法定要式行為，對於「依當事人約定，有使用文字之必要」的意定要式行為（民166），不能直接適用，但宜類推適用之。

　　意定要式行為如欠缺「意定方式」，其法律效果並非依民法第 73 條決定，而應依民法第 166 條下列規定決定之：「契約當事人約定其契約須用一定方式者，在該方式未完成前，推定其契約不成立。」

第二節　　法律行為標的之限制

two ● ●●

　　每一個法律行為都有它的標的或內容，以作為權利義務變動的依據。假設一個法律行為有效成立，權利義務所將發生的變動，即是該法律行為的標的或內容。所以在絕對自由的原則之下，將會形成「只要我喜歡，沒什麼不可以」的情形。不過，私法自治通常還是有其界限，一般也因此認為法律行為的標的或內容，應具備合法、妥當、可能、確定等四項要件，這四個要件也可以說是私法自治的外部界限❿。民法總則編僅於第 71 條及第 72 條，對合法性及妥當性設有規定，其餘應參酌民法各編規定及學理加以認定。

---

❿　學者也有認為可能和確定的要件，與私法自治的外部界限無關者。請參閱陳自強，《契約之內容與消滅》，臺北：學林，2004 年 1 月，頁 62～64。

一、合法性

㈠合法性的概念

在私法自治的原則下，當事人關於法律行為有很大的自主空間，所以通常法律不會硬性要求當事人一定要如何為法律行為，相反地，只是消極地劃出幾條紅線，只要不逾越紅線，就被認為是「合法」。所以合法性乃是一個消極概念，主要是指「不違法」，而不是指法律行為的內容一定要有具體的法律作為依據。

法律行為的內容雖然只要「不違法」即可，但如果法律行為動輒「違法」，私法自治將名存實亡，所以勢必要對於「違法」的範圍予以適度限縮。民法第 71 條因此就規定：「法律行為違反強制或禁止規定者，無效」，把「違法」的範圍限縮在違反強制或禁止規定。「強制或禁止規定」是指具有強制性的強行法而言，法律行為如果違反不具強制性的任意法，並不致被認定為無效。從當事人的法律行為可以牴觸任意法的角度言，我們可以認為任意法是當事人得以自由意思排除其適用的法規，其作用主要在補充當事人意思的不足，強行法則是指不論當事人意思如何，均應適用而不得違反的法規，其作用是在劃定法律行為的內容的「紅線」。

㈡強行法的違反

當事人的法律行為如果違反法律規定，該規定為強行法或任意法將會決定該法律行為的是否有效，所以如何在具體個案中判斷法律規定的性質，在實務上也成為重要課題。大致來說，命令當事人應為一定的行為者，稱為強制規定，如設立社團應訂定章程（民 47）、不動產物權的移轉或設定，應以書面為之（民 758 II）、婚約應由當事人自行訂定（民 972）等；命令當事人不得為一定的行為者，稱為禁止規定，例如權利能力、行為能力及自由，不得拋棄（民 16、17）、故意或重大過失的責任，不得預先免除（民 222）、物權除法律或習慣外，不得創設（民 757）等。就法律條文規定的

形式而言，原則上有「應」、「須」的用語者為強制規定，有「不得」的用語者為禁止規定，但特定的條文究竟是強行法或任意法，目前仍沒有絕對而統一的判斷標準，而應由法院於具體案例為個別之認定。**⑪**

　　「強制或禁止規定」的目的在劃定私法自治的紅線，限制人民的基本自由，故其內容原則上似應以行為時的「規定」為限。**⑫** 在最高法院 92 年臺上字第 2130 號判決中，當事人為法律行為時的法律，與法院判決時的法律已有所不同，該法律行為雖違反判決時的法律，但不知是否違反行為時的法律，最高法院指出：「按法律行為是否因違反強制或禁止之規定而歸於無效，依實體從舊之原則，自應依行為時有效之法令決之。」此處所稱的規定，也包含法律上的當然原理，例如在最高法院 87 年臺上字第 2776 號判決中，對於土地法第 34 條之 1 第 4 項為減少共有人之人數，促進不動產之有效利用及消除共有而生之糾葛，而規定不同意出賣應有部分之共有人，得以同一價格共同或單獨優先承購，法院即認為「此項優先承購權係屬法定形成權之性質，自不容許當事人任意予以限制或剝奪。」

　　對於法律的禁止規定，實務上曾發生是否應再限縮範圍的問題。例如在最高法院 68 年臺上字第 879 號判例中，證券交易法第 60 條第 1 項第 1 款規定，證券商不得收受存款或辦理放款，甲委託乙證券商出售股票，並將售得之款存於乙公司，計收利息，後來因乙公司盜賣甲的股票，甲訴請乙交付股票，乙則抗辯甲違反此項禁止規定，而收受存款或辦理放款，其行為應在無效之列，從而，甲亦不能行使請求權。最高法院則指出：「查證券交易法第六十條第一項第一款乃取締規定，非效力規定，無民法第七十

---

⑪　值得注意的是，實務上也有將強制規定及禁止規定混為一談的情形，例如最高法院 86 年臺上字第 1587 號判決謂：「公司不得為他公司無限責任股東或合夥事業之合夥人，公司法第十三條第一項定有明文。此為強制規定，違反之者，依民法第七十一條規定，該合夥契約為無效。」其中，強制規定一詞乃是禁止規定之誤。

⑫　最高法院 20 年上字第 1748 號判例謂：「違法與否，應以中央政府頒行之法律為準，若地方官吏之命令與全國應當遵守之法令有背馳時，當事人間若違背法律而為不法之行為，仍不得藉口於地方官署之命令，而解為適法。」

一條之適用。證券商違反該項規定而收受存款或辦理放款，僅主管官署得依證券交易法第六十六條為警告、停業或撤銷營業特許之行政處分，及行為人應負同法第一百七十五條所定刑事責任，非謂其存款或放款行為概為無效。」❸根據此項見解，法律行為違反禁止規定中的取締規定者，其法律行為仍屬有效，在方法論上是對於「禁止規定」一詞，再為目的性限縮，認為僅限於「效力規定」，而不及於「取締規定」。

　　對於「效力規定」及「取締規定」的區別標準，實務上並無明確的規則可循。在下列實務案例中，其法律行為已被認定係因違反強行法而無效，依上述邏輯逆推，即可認定各該被違反的強行法，均具有「效力規定」的性質：

　　1.買賣、運送毒品、蓄養奴婢，從民法施行時起即為法律所禁止，當事人為此所訂之契約應屬無效。❹

　　2.父母為未成年子女所訂婚約，違反民法第 972 條規定而無效；❺未成年夫妻自行離婚，未得法定代理人同意，違反民法第 1049 條而無效。❻

　　3.某公司非以保證為業務而為保證，其保證行為違反公司法（舊條文第 23 條）第 16 條第 1 項不得為任何保證人的規定而無效，❼公司提供財產為他人設定擔保物權者，其設定行為亦屬無效。❽

　　4.甲一面代表乙公司，一面代理其妻丙簽訂土地租賃契約，為雙方代理，違反民法第 106 條「代理人，非經本人之許諾，不得為本人與自己之法律行為，亦不得既為第三人之代理人，而為本人與第三人之法律行為，但其法律行為，係專履行債務者，不在此限。」的規定，其所簽訂契約應屬無效。❾

❸　最高法院 66 年臺上字第 1726 號判例亦有相同要旨。

❹　參照最高法院 20 年上字第 236 號、20 年上字第 202 號、29 年上字第 626 號、30 年上字第 64 號、33 年上字第 5780 號等判例。

❺　最高法院 33 年上字第 1723 號判例。

❻　參照司法院 25 年院字第 1543 號解釋。

❼　參照最高法院 69 年臺上字第 1676 號判例。

❽　參照最高法院 74 年臺上字第 703 號判例。

5.憲法第 16 條規定，人民有訴訟之權，旨在確保人民有依法定程序提起訴訟及受公平審判之權利。查系爭協議書第 4 條雖約定兩造「不得再以任何方式追究他方刑責」，其真意倘係拋棄刑事訴訟權，即有違憲法第 16 條保障訴訟權之意旨，難謂有效。 ❷⁰

⑸脫法行為

脫法行為原來只是學說上的用語，近年來已經為最高法院採用以解決「借名登記」的問題。例如在 87 年臺上字第 2834 號判決中，甲、乙各出資二分之一共同購買 A 地，但因甲無法取得自耕能力證明俾辦理移轉登記，且因農地無法細分，而將 A 地全部登記在乙的名下，後來 A 地被政府徵收，乃發生甲得否向乙請求 A 地補償費的二分之一的爭議。最高法院在本件判決中指出：「當事人為迴避強行法規之適用，以迂迴方法達成該強行法規所禁止之相同效果之行為，乃學說上所稱之脫法行為，倘其所迴避之強行法規，係禁止當事人企圖實現一定事實上之效果者，而其行為實質達成該效果，違反法律規定之意旨，即非法之所許，自屬無效。」 ❷¹

---

❶⁹　參照最高法院 84 年臺上字第 401 號判決。

❷⁰　參照最高法院 87 年臺上字第 2000 號判決。

❷¹　最高法院 87 年臺上字第 2834 號判決也包含下列重要理由：「查私有農地所有權之移轉，依土地法第三十條第一項規定，其承受人以能自耕者為限，旨在防止非農民承受農地，造成土地投機壟斷之情形，並積極輔助農民增加取得耕地使用之機會，從而扶助自耕農，促進土地利用，貫徹耕者有其田之基本國策，發揮農地之作用；故同條第二項明定，違反者，其所有權之移轉無效；是為禁止無自耕能力者承受並享有私有農地所有權之強行規定。又稱信託者，謂委託人將財產權移轉或為其他處分，使受託人依信託本旨，為受益人之利益或為特定之目的，管理或處分信託財產之關係。無自耕能力之人，信託有自耕能力之他人以其名義取得農地所有權，係以迂迴方法逃避土地法第三十條第一項強行規定之適用，以達其享有土地所有權之實質目的，依上說明，此脫法行為於法即屬無效。八十五年一月二十六日公布施行之信託法第五條第四款明定：『以依法不得受讓特定財產權之人為該財產權之受益人者，信託行為無效』，更揭示斯旨。」

由上述判決可知，脫法行為雖然不是直接違反強行法規，而是以「表面合法、實質違法」的方式，「間接」地違反強行法規，表面來看當事人已經巧妙地以迂迴方式，迴避了強行法規的適用，但由於該行為最後所發生的效果，和直接違反該強行法規的行為無異，實務上乃不顧該行為的表面形式，而著眼於其實質效果上的違反強行法規，並認定其應屬無效。換言之，儘管脫法行為經過巧妙的設計，以形式上的合法手段，達成實質上的違法目的，就其所採取的手段而言，係屬合法，和一般以違法的手段進行的違法行為，確有不同，不過，實務上並未因此就認為它不是違法行為，也不認為形式上的合法就可以掩蓋違法的本質，或規避強行法規的適用。

在上述實務見解之下，脫法行為並未引領或發展出一套特別的理論，而只是民法第 71 條的解釋問題。為了貫徹強行法規的規範意旨，只要實質上違法，❷無論該行為如何巧妙地包裝或設計，甚至在形式上具有合法的外觀，仍將從法律行為的整體及實質面予以判斷，而認定其為違法。例如甲、乙賭博，甲因賭輸 100 萬元，而書立 100 萬元之字據，假裝為消費借貸，後來乙持該字據，請求甲支付字據所載之 100 萬元「借款」，而與甲發生爭執時，依前揭原則即直接認定該字據所載者，乃是「賭債」而非「借款」，而依民法第 71 條認定其為無效。對此，最高法院 44 年臺上字第 421 號判例指出：「賭博為法令禁止之行為，其因該行為所生債之關係原無請求權之可言，除有特別情形外，縱使經雙方同意以清償此項債務之方法而變更為負擔其他新債務時，亦屬脫法行為不能因之而取得請求權。」

民法在關於高利貸的禁止部分，也採取類似的立場，所以除了第 205 條規定：「約定利率，超過週年百分之二十者，債權人對於超過部分之利息，

---

❷ 如果法律行為的形式合法，實質也未違法時，即非屬脫法行為。參考最高法院 89 年臺上字第 1119 號判決：「所謂脫法行為係指當事人為迴避強行法規之適用，以迂迴方法達成該強行法規所禁止之相同效果之行為而言。法律並無禁止父母將其不動產借用子女名義登記之強制規定，即難認此借名登記係脫法行為。倘上訴人當時純係基於父女親誼，借用被上訴人名義登記，並無贈與之意思，縱將來有贈與之合意，亦於將來變更為贈與時，始生課徵贈與稅之問題，自難認該借名契約係脫法行為。」

無請求權。」之外，為了杜絕債權人以脫法行為的方式規避本條的限制，更於第 206 條規定：「債權人除前條限定之利息外，不得以折扣或其他方法，巧取利益。」根據本條規定，債權人以先扣利息、保證金、扣取介紹費、手續費、管理費或其他名目之費用之方式，使借貸契約書上所記載的借貸金額，和借用人實際取得的借貸金額不一致時，仍應以實際借貸的金額作為計算利率的依據。㉓ 嚴格來說，債權人以折扣或其他方法，巧取利益的行為，乃是民法第 206 條所明文禁止者，其行為已經不是脫法行為的範疇。不過，實務上通常仍稱之為脫法行為。㉔

二、妥當性

㈠妥當性的概念

法律行為的妥當性，是指法律行為不得具有「反社會性」的內容，即不得違背公共秩序或善良風俗（簡稱公序良俗）。民法第 72 條規定：「法律行為，有背於公共秩序或善良風俗者，無效。」即在宣示此一意旨。公序良俗是一個不確定的法律概念，並無統一的認定標準，只能由法院在具體個案之中，依時勢推移、社會思潮、經濟狀況及地區環境等差異，綜合予以判斷。㉕

就範圍來說，廣義的公序良俗包含法律的規定，尤其是根據誠信原則、禁止權利濫用原則、禁止違反公益原則而制定的條文在內，狹義的公序良俗則應該排除已為法律所明文規定者。依本條的立法理由所述，違反公序良俗「雖不為犯罪，然有使國民道德日趨卑下之弊」，其所以認定該法律行

㉓　參照最高法院 44 年臺上字第 1165 號判例。

㉔　例如最高法院 91 年臺簡抗字第 49 號判例指出：「超過限額部分之利息，法律既特別規定債權人對之無請求權，債權人自不能以債之更改方式，使之成為有請求權，否則無異助長脫法行為，難以保護經濟上之弱者。」

㉕　特定的行為是否違反公序良俗的問題，往往因時、因地而異，最常見的是關於賭博、歧視女性、變性手術、提供性服務等爭議。

為無效，乃因為法律行為除不得逾越強制或禁止規定的「法律紅線」之外，也不能逾越公序良俗所形成的「道德紅線」。從本條的功能在將道德標準轉化為法律規範，以提高法律行為的品質的角度言，對於違背已經「法律化」而成為強制或禁止規定的道德標準的行為，例如賭博、通姦、剽竊、詐欺或違約等，㉖實應直接認定其欠缺合法性，而不必論斷其妥當性的問題。㉗

　　根據上述立場，依民法第 72 條認定為無效的法律行為，應僅指「未違反強制或禁止規定，但違反公序良俗」的情形，如果當事人所違反的道德規範，已經成為法律的強制或禁止規定，就應認為屬於民法第 71 條的適用範圍，即原則上無效，如法律並不使其無效而規定為得撤銷者，例如暴利行為（民 74）及被詐欺或脅迫的法律行為（民 92），都違反廣義的公序良俗，但民法都已設有明文規定，其是否有效即應依各該規定（僅得撤銷），而不得認其依民法第 72 條為無效。㉘在訂立提供「性服務」或互為性伴侶的契約，如係有配偶者與其配偶以外的第三人所訂立，乃屬以從事刑法所禁止的通姦行為為內容的契約，應依民法第 71 條認定其為無效；如係無配偶的男、女朋友之間所訂立者，該契約即非為法律所禁止，但如認定其為傷風敗俗的契約，即不妨依民法第 72 條認定其為無效。㉙

㉖　最高法院 69 年臺上字第 2603 號判例關於違反禁止頂讓的約定，是否違反公序良俗的問題認為：「民法第七十二條所謂法律行為有背於公共秩序或善良風俗者無效，乃指法律行為本身違反國家社會一般利益及道德觀念而言。本件被上訴人雖違反與某公司所訂煤氣承銷權合約第六條規定，以收取權利金方式頂讓與第三人，但究與國家社會一般利益無關，亦與一般道德觀念無涉，尚不生是否違背公序良俗問題。」

㉗　最高法院 85 年臺上字第 136 號判決有類似之見解。

㉘　實務上認為被脅迫所為的意思表示，並無違反公序良俗的問題。參考最高法院 60 年臺上字第 584 號判例。

㉙　實務上未為此種區別，故最高法院 65 年臺上字第 2436 號判例謂：「上訴人為有婦之夫，涎被上訴人之色，誘使同居，而將系爭土地之所有權移轉登記與被上訴人，復約定一旦終止同居關係，仍須將地返還，以資箝制，而達其久佔私慾，是其約定自係有背善良風俗，依民法第七十二條規定應屬無效，上訴人依據此項約定，訴請被上訴人移轉系爭土地之所有權殊非正當。」

(二)公序良俗在實務案例的具體認定

1.本條的適用範圍

民法第 72 條的「公序良俗」，乃是不確定的法律概念，並作為法律行為是否無效的標準。違反公序良俗，通常即指違反國家社會一般利益及道德觀念而言，故違反公序良俗的行為，可說是「合法，但不妥當」的行為。法律行為是否違反公序良俗，應由法院於具體個案中，斟酌法律行為之內容、附隨情況、當事人之動機、目的及其他相關因素綜合判斷之。

建造房屋等事實行為，並無本條之適用，當事人不得主張建造房屋之行為有背公共秩序，而為無效。❸⓿因違反公序良俗而依本條為無效者，乃是法律行為本身，至於法律行為的動機違反公序良俗，例如為在聯合考試中作弊而租用無線通訊設備，並不適用本條。但如動機已表示於外部或已提升為法律行為的一部時，例如明言是要經營賭場或應召站，而以高於市場行情之高價租賃房屋，仍應認為其法律行為違反公序良俗，故屬無效。❸①

附條件之法律行為之是否有背於公序良俗，應就該法律行為及所附條件本身以為判斷之依據；至附條件之法律行為當事人為使條件成就所為之行為，縱有背於公共秩序或善良風俗，於法律行為之效力，不生影響。❸②

2.違反公序良俗的法律行為

(1)旅行業者印就之定型化旅行契約，其中所附旅行業者就其代理人或使用人之故意或過失不負責任之條款，因旅客就旅行中之食宿交通工具之種類、內容、場所、品質等項，並無選擇之權，此項條款殊與公共秩序有違，應不認其效力。❸③

---

❸⓿　最高法院 81 年臺上字第 315 號判決。

❸①　施啟揚，《民法總則》，自版，2005 年 6 月 6 版，頁 206。

❸②　參照最高法院 88 年臺上字第 1906 號判決：「對於系爭債務承擔契約附有『某人獲不起訴處分』之停止條件的情形，由於該條件本身似與國家社會一般利益及道德觀念無違，不論當事人以何種方法使某人獲不起訴處分，均不影響系爭債務承擔契約之效力。」

❸③　參照最高法院 80 年臺上字第 792 號判決。

(2)夫妻間為恐一方於日後或有虐待或侮辱他方情事，而預立離婚契約者，其契約即屬跡近兒戲，與善良風俗有背，依民法第 72 條應在無效之列。**㉞**

(3)當事人在離婚協議書中記載願拋棄對他方婚姻之撤銷訴權，以換取未到期本票之給付請求權，難謂係純屬個人財產權之約定而未違背善良風俗，依民法第 72 條規定，該離婚協議書之約定，應屬無效。**㉟** 根據同一道理，當事人對於個人自由以法律行為予以限制的情形，例如已達結婚年齡者立約自願終身或於十年（或一定之期間）內不結婚、不信宗教者，均可認為其內容違背公序良俗。

(4)配偶之間協議，一方接受他方每月給付之一定金額，作為忍受他方與第三人同居之精神痛苦的彌補，並承諾永不追究者，係約定以金錢交付與他方配偶，取得他方配偶同意其繼續維持不正常關係，係屬違背公序良俗。**㊱**

(5)養子於養父母健在時，急不暇擇，預行立約剝奪養母之應繼分，擅自瓜分豆剖，冀便私圖，其契約雖載明該約俟養父百年後始生效力，似此曠父欺母，喪心昧良而訂定之契約，衡諸我國崇尚孝悌之善良風俗，既屬有違，依民法第 72 條之規定，即在無效之列。**㊲**

3.未違反公序良俗的法律行為

(1)當事人所訂定的僱傭契約中，約定任何一方均得於一個月前以書面通知對方終止僱傭關係的條款，並未違背公序良俗，各方均得據之終止所訂之僱傭契約。**㊳**

(2)配偶雙方在結婚前訂立合約書，約定兩造結婚後，辦理入籍手續日起二個月內，一方應將系爭田地贈與他方，作為結婚之條件者，乃係以維

㉞ 參照最高法院 50 年臺上字第 2596 號判例。

㉟ 參照最高法院 80 年臺上字第 12 號判決。

㊱ 參照最高法院 87 年臺上字第 886 號判決、87 年臺上字第 1849 號判決。

㊲ 參照最高法院 46 年臺上字第 1068 號判例。

㊳ 參照最高法院 88 年臺上字第 1356 號判決。

持正當之婚姻關係而為贈與，即與為求繼續不正常之男女關係，以遂私慾，始為贈與者，迥然有別，應無悖公序良俗。**❸❾**

(3)僱主恐其員工離職後洩漏其工商業上，製造技術之秘密，乃於其員工進入公司任職之初，要求員工書立切結書，約定於離職日起二年間不得從事與公司同類之廠商工作或提供資料，如有違反應負損害賠償責任。該項競業禁止之約定，附有二年間不得從事工作種類上之限制，既出於員工之同意，與憲法保障人民工作權之精神並不違背，亦未違反其他強制規定，且與公共秩序無關，其約定有效。**❹❿**

㈢暴利行為的撤銷

1.暴利行為的基本概念

在私法自治的原則之下，當事人所為的法律行為原則上均屬有效，例外則可能因違反強行規定或公序良俗而無效。在私法自治領域中，公平正義仍然是基本的原則，所以法律行為如果發生對於一方當事人有欠公允的情況，法律自然沒有坐視不管之理。為此，我國民法第 74 條第 1 項乃規定：「法律行為，係乘他人之急迫、輕率或無經驗，使其為財產上之給付，或為給付之約定，依當時情形顯失公平者，法院得因利害關係人之聲請，撤銷其法律行為，或減輕其給付。」

顯失公平的法律行為在學理上稱為暴利行為，其行為人既係乘他人之急迫，或乘他人之輕率，或利用他人之無經驗，而使他人為財產上之給付，或為將來給付之期約，而依其行為時之情形，顯失公平者，本條為保護利害關係人之利益計，乃許其得為聲請撤銷，或減輕其數額，法院亦應依據其聲請撤銷此法律行為，或減輕其給付，以期事理之平。此種設計使暴利行為的效力，處於可能因法院的介入而有所改變的狀態，賦予法院在具體個案中，審酌主、客觀的各種因素，進而捍衛公平正義的職責。但為顧全社會之公益，並維持法律行為效力之適度安定，本條第 2 項乃規定吃虧的

---

❸❾　參照最高法院 83 年臺上字第 1530 號判決。

❹❿　參照最高法院 75 年臺上字第 2446 號判決。

他人（他方當事人）聲請的時期，須於該法律行為成立時起，一年內為之，逾限即不許再行聲請。

暴利行為具有欠缺公平性的本質，故即使法律已明文規定其為無效或得撤銷，暴利行為仍在一定的範圍內被認為違背公序良俗及誠信原則。民法第 74 條的精神也源自第 72 條及第 148 條第 2 項。從第 74 條不以暴利行為為無效的規定來看，法律對於欠缺公平性或妥當性的私法關係的形成，並未直接予以干預，在私法自治及契約自由的原則下，公平妥當似乎不是法律行為的要件。不過，嚴重違反公平原則或欠缺社會妥當性的法律行為，其受不利益的當事人，依本條規定，得於事後聲請法院撤銷其法律行為或減輕給付，此種明文規定的結果，使本條成為宣示法律行為不得違反公平原則的禁止規定，並使暴利行為成為法律「並不以之為無效」（第 71 條但書）的違法行為。

2. 暴利行為的要件

關於法院依本條撤銷法律行為的要件，最高法院曾在 28 年上字第 107 號判例有所闡釋，並指出：「不僅須行為人有利用他人之急迫、輕率、或無經驗，而為法律行為之主觀情事，並須該法律行為，有使他人為財產上之給付或為給付之約定，依當時情形顯失公平之客觀事實，始得因利害關係人之聲請為之」。茲謹再詳細說明各要件如下：

(1)須行為人有利用他人之急迫、輕率，或無經驗，而為法律行為之主觀情事

暴利行為的相對人是利用行為人的急迫、輕率或無經驗等情形獲取暴利，在此等情形下的行為人，仍是以自由意思為給付或給付之約定，相對人如使用詐術或已達脅迫程度時，行為人即得依第 92 條直接撤銷（無須向法院聲請撤銷）其法律行為。❹在最高法院 79 年臺上字第 1394 號判決中，行為人對於銀行勘估價值為每坪 35000 元、財團法人中華企業鑑定委員會鑑定每坪 38983 元的土地，以每坪 15000 元出售，法院指出：「民法第七十四條所稱輕率，係指行為人對於其行為之結果，因不注意或未熟慮，不知

---

❹ 參照最高法院 50 年臺上字第 707 號判例。

其對於自己之意義而言。出賣人不知買賣標的之價值關係，而率與買受人訂立契約，亦在輕率之列。」

行為人有無急迫、輕率或無經驗等情形，須依具體情事而定，其聲請法院撤銷時，並應負舉證責任。例如在最高法院 82 年臺上字第 496 號判決中，法院認為兩造係在居間人見證下簽訂買賣契約，嗣因付款方式變更，兩造邀同原居間人、律師先後為見證人，始簽訂附件之約定事項及附件之協議，具見上訴人處理有關買賣事宜，均慎重將事，並非輕率為之；且行為人係大專畢業，服務電力公司十餘年，社會閱歷自屬豐富，又依土地及建築改良物登記簿謄本記載，其曾多次買賣不動產，難謂係無經驗；行為人未能舉證證明相對人有利用其急迫、輕率，或無經驗而簽訂附件協議之主觀情事，法院即認為其不得依本條而主張。在 87 年臺上字第 2810 號判決中，行為人也因為不能證明相對人有利用其急迫而簽訂系爭協議書之主觀情事，被認為不得請求撤銷該法律行為。

(2)須當事人已為財產上之給付，或為給付之約定

本條之規範目的在維持財產行為的公平性，並不適用於身分行為。最高法院 28 年上字第 107 號判例亦因而指出：「如果兩造所訂立之兩願離婚契約，並未使他方為財產上之給付或為給付之約定，即使有一方乘他方之輕率與無經驗，而訂定不公平之兩願離婚契約的情形，也不能援用本條規定，將該兩願離婚契約撤銷。」

(3)須客觀上依當時情形顯失公平

關於暴利行為的要件，最高法院 42 年臺上字第 918 號判例謂：「依民法第七十四條第一項之規定，聲請法院撤銷之法律行為，除須行為人有利用他人之急迫輕率或無經驗而為法律行為之主觀情事，並須該法律行為有使他人為財產上之給付或為給付之約定，且依當時情形顯失公平之客觀事實，此外必須利害關係人始得為撤銷之聲請。」「公平」及「顯失公平」都是不確定的法律概念，其內涵應由法院在個案之中予以具體化，法院如認為法律行為的內容並非顯失公平，即可駁回行為人的請求。我國法院關於不公平的暴利行為，也已作成若干裁判，例如最高法院 50 年臺上字第 707

號判決指出：「某甲於工程竣工時負債累，如不能領取價款即無以應付債主之迫索，而某乙果有利用上訴人經濟困難之急迫機會，以低於工程價額十幾萬元之數額與某甲結賬，在當時顯失公平，自得聲請撤銷。」

3.暴利行為的效力

暴利行為雖然欠缺公平性或妥當性，法律政策上並未完全否定其效力，這是為了維護契約自由及交易安全之故，但為改正顯失公平的情形，仍然得由行為人或其他利害關係人，以訴訟的方式向法院聲請撤銷法律行為或減輕給付（或增加對方相對給付）。本條未許可行為人逕以意思表示撤銷法律行為，乃因公平與否已涉及價值判斷，苟非由司法機關慎重為之，必於事後引起其他爭議。

在最高法院 71 年臺上字第 1566 號判決中，行為人主張其所簽訂的土地買賣契約書，係相對人利用其貧病交迫需用金錢之際所訂，依當時情形顯失公平，應不生效力，最高法院指出：「契約縱有顯失公平之情形，在未經上訴人聲請法院撤銷前，亦難因此即謂其無效。」在最高法院 86 年臺上字第 2521 號裁定中，法院指出：「民法第七十四條第一項所規定之撤銷權，須以訴之形式向法院請求為撤銷其行為之形成判決，始能發生撤銷之效果，倘僅於給付之訴訴訟中主張行使此項撤銷權，以之為攻擊防禦方法，尚不生撤銷之效力，其法律行為仍不因此而失其效力。」此時當事人所提起的訴訟，性質上為形成之訴，行為人如不起訴為之，而僅在本件訴訟中作此抗辯，即非可採。❷

至於行為人或利害關係人，之所以應於法律行為後一年的除斥期間內向法院聲請，乃因一年經過後，該法律行為及以之為基礎的其他法律行為所形成的私法關係，已發生值得維持其安定及信賴其不會變更的利益，故應使其確定為有效，並不得再予以撤銷或聲請變更給付。

㈣酌減違約金的特別規定

民法第 252 條規定：「約定之違約金額過高者，法院得減至相當之數

---

❷ 參照最高法院 70 年臺上字第 174 號判決。

額。」本條的立法理由，是認為違約金之數額，雖許當事人自由約定，但如其約定的違約金額，竟至超過其損害額，有顯失公平之情形時，不應使債務人完全受其約定的拘束，以保護債務人之利益，並維持結果的公平。故就實質內容而言，本條應屬於民法第 74 條的特別規定，應優先適用之。最高法院的實務上，法院酌減約定的違約金時，也常強調法院必須有類似暴利行為的考量。**❹**

三、可能性

當事人為法律行為的目的，是要謀求當事人所希望的內容的實現，如果法律行為的內容不具有實現的可能性，徒有法律上的強制力，也無濟於事，該法律行為也無意義可言。民法總則編對於「可能性」的問題，並未設明文規定，但仍應注意相關的原理及債編的有關規定。

㈠可能性的概念

在私法自治的原則下，法律行為並不是以其具有「可能性」(possibility) 或「可執行性」(enforceability)，作為非具備不可的積極要件，而是以其不可具有的「不能」或「不可能性」(impossibility)、「不可執行性」(unenforceability)，作為其消極要件。所以法律行為的內容如果沒有「不能」的情形，就是「可能」。

㈡不能的效果

關於不具備可能性的法律行為，民法第 246 條規定：「以不能之給付為契約標的者，其契約為無效。但其不能情形可以除去，而當事人訂約時並預期於不能之情形除去後為給付者，其契約仍為有效。附停止條件或始期之契約，於條件成就或期限屆至前，不能之情形已除去者，其契約為有效。」立法理由中指出：「當事人得自由以契約訂定債務關係之內容，而其標的則以可能給付為必要。故以客觀之不能給付（不問其為相對的不能或絕對的

---

❹　請參閱最高法院 92 年臺上字第 2747 號判決、93 年臺上字第 909 號判決。

不能）為標的之契約，法律上認為無效，所以防無益之爭議也。但係主觀之不能給付，其契約仍應認為有效，使債務人負損害賠償之責，此無待明文規定也。至給付之不能，如只係暫時，並非繼續者，或其契約中已含有待不能給付之情形除去後始生效力之意者，其契約為附有停止條件之契約，不得以訂定契約時不能給付之故而遽認為無效也。」

民法第 246 條所謂「不能」，通說認為以自始、客觀的不能為限。❹ 例如因地震而倒塌的房屋，在法律上已經不存在，當事人如果仍然以它作為買賣契約的標的物，該買賣契約即無履行或強制執行的可能性，應屬無效；至於嗣後、主觀的不能，例如房屋在訂立買賣契約之後才倒塌，或以他人的房屋作為標的物的情形，其法律行為都不是無效，只是將來出賣人無法履行債務，要負違約的賠償責任的問題。這是因為在私法自治的原則下，讓當事人對其法律行為負責的意義，包含讓當事人負違約的責任，而違約的前提是「有約可違」，所以應認為該契約仍屬有效。

法律行為的標的之所以不能，除了事實上不能之外，也有因違反強行法而不能者。實務關於法律行為因標的不能而無效的案例，即有不少是以 89 年 1 月 26 日修正以前的土地法第 30 條為依據者。該條修正前的第 1、2 項規定私有農地所有權之移轉，其承受人以能自耕者為限，違反前項規定者，其所有權之移轉無效，實務上乃認為約定出賣私有農地與無自耕能力人之買賣契約，除有民法第 246 條第 1 項但書及第 2 項之情形外，依同條第 1 項前段規定，其契約應屬無效；如此項契約當事人訂約時並無預期買賣之農地變為非農地後再為移轉之情形，縱令契約成立後該農地已變為

---

❹ 不能的情形在學理上主要有數種區別：㈠自始不能與嗣後不能（民法第 211 條參照）；㈡法律不能與事實不能；㈢客觀不能與主觀不能：前者指對於社會上一般人均屬不能，後者指僅該當事人個人不能，對於其他人，仍有可能者；㈣全部不能與一部不能：前者指法律行為的內容全部不能，後者指法律行為的內容僅一部分不能，其他部分仍屬可能者（民法第 111 條參照）。李模，《民法總則之理論與實用》，自版，1998 年 9 月修訂版，頁 131～132；洪遜欣，《中國民法總則》，自版，1981 年 9 月修訂 3 版，頁 322；劉得寬，《民法總則》，臺北：五南，1982 年 9 月修訂初版，頁 213～215。

非農地，亦不能使無效之契約成為有效。 **㊺**

四、確定性

　　法律行為標的之確定性，是指法律行為的標的必須確定或可得確定，否則其內容無法實現，即應使法律行為無效，不能發生當事人所欲發生的法律效果。民法總則編對於確定性未設明文規定，從第 208 條關於選擇之債的規定來看，法律行為所須具備的確定性的程度並不是很高，因為當事人如僅為概括而未確定的約定給付內容，例如法律行為約定給付之標的有數宗，而債務人只須履行其一，即可消滅債權時，只要給付時「於數宗給付中得選定其一者」，其約定即屬有效。

　　在私法自治的原則下，因欠缺確定性而無效的法律行為，其標的必須非常含糊不清而無法確定。從風險分配的角度言，與其認定法律行為無效而由相對人承擔風險，不如認定其有效而令決定標的內容的當事人負責，故標的被認定為不確定的情形相當少見。依前述意旨，法律行為的標的於其成立時即使尚未確定，只要將來於給付時可得確定，即已滿足確定性的要求。例如在最高法院 78 年臺上字第 1753 號判例中，當事人就給付不良貨品所生的損害賠償，訂立精算書載明：「以有價證券或商品抵充之」，其雖未表明商品之品名、品質、種類、數量，法院仍認為兩造就商品之品名、品質、種類已合致，並於交涉賠償時，約定以商品或有價證券抵充之，即屬可得確定，此項約定，應為有效。在最高法院實務上，有些案例涉及一定面積的土地的交易，也涉及是否具有確定性的問題，但無論標的物為「自新竹縣政府買回之土地內一百坪」或「A 地之二百坪」，均被認為具有確定性。 **㊻**

㊺　參照最高法院 66 年臺上字第 2655 號判例。此外，最高法院 89 年臺上字第 1216 號判決認為，各共同繼承人對於個別繼承遺產上之權利，應不得任意處分讓與於共同繼承人以外之第三人，使其與其他共同繼承人維持公同共有關係，倘第三人因之而受讓該權利，即係以不能之給付為契約標的。

㊻　參照最高法院 81 年臺上字第 312 號判決、78 年臺上字第 899 號判決。

第三節　　　　　　　　案例解析

 案例 1

　　甲向乙購買 A 遊覽車，總價為新臺幣 600 萬元，雙方並簽訂合約，約定該車所有權暫登記為乙的名義，85 年 2 月 28 日始行過戶，但甲如提前清償價金，即可請求過戶。嗣後甲已陸續給付乙車款 335 萬元，且於交車時簽發支票五張予乙。為擔保甲付款受有保障，甲、乙雙方於 84 年 1 月 27 日簽訂之合約書既載明：「……價金清除，為保障買方的財產安全，須於民國八十四年三月三十日前於在屬監理所單位，完成動產質押設定本金最高限額六百萬元正，否則取銷雙方買賣交易，退回一切款項（含訂金），買賣雙方均無異議，若質押設定登記未完成，賣方不可把尾款支票兌現，以保證買方權益」等語。乙後來將 A 遊覽車向他人質押借款，致不能於同年 3 月 30 日前將車辦理動產質押予甲為擔保，甲向乙請求退還 A 遊覽車並返還其已支付的車款及支票，有無理由？

◉ 解　析

　　本案例取材自最高法院 86 年臺上字第 3165 號判決。甲向乙請求退還 A 遊覽車並返還其已支付的車款及支票，其法律上的根據應係合約書上所載「……取銷雙方買賣交易，退回一切款項（含訂金），買賣雙方均無異議，若質押設定登記未完成，賣方不可把尾款支票兌現」等語。故甲的請求權的成立，係以記載上述內容的約款有效為前提。

　　上述約款的內容，並非屬於在民法上有明文規定的有名契約或典型契約，其內容並與民法第 254 條關於解除權的下列規定不一致：「契約當事人之一方遲延給付者，他方當事人得定相當期限催告其履行，如於期限內不履行時，得解除其契約。」故該約款之是否有效，與民法第 254 條是否為民法第 71 條的「強制或禁止規定」，即當事人的約定內容得否違反民法第 254 條的規定有關。

　　關於上述問題，最高法院於本件判決指出：「民法第二百五十四條之規定，

應僅係法律所認解除權之一種。如契約當事人間，約定一方給付遲延時他方得不經催告逕行解除契約（約定解除權），或保留一方應於一定期間履行作為解除條件（附解除條件之買賣契約）者，基於私法自治原則，亦非法所不許。」此一見解亦間接說明民法第 254 條並非「強制或禁止規定」。

上述約款究為約定解除權或附解除條件之買賣契約，應依民法第 98 條探求當事人真意。如為前者，甲於本例中對乙的請求權的基礎，即為民法第 359 條回復原狀的規定；如為後者，其請求權基礎即為民法第 179 條返還不當得利的規定。

案例 2

甲為演藝界的新秀，與乙簽訂培訓及表演契約，其內容包含下列三點：一、「茲因甲方願意接受乙方培訓，以擔任乙方合唱團團員。契約期間自 2008 年 3 月 1 日起至 2021 年 3 月 1 日止。」二、「於本約期間內甲方未得乙方同意前不得以任何理由參加第三者所舉辦任何名義之表演活動，尤不得中途違約跳槽。」三、「甲方不得利用其知名度在外與他人共同開設經營公司、商店行號，以免損及形象；甲方有意從事或投資其他副業應徵得乙方同意後，當以乙方為第一優先之合作夥伴，甲方不得因從事其他業務而影響乙方所安排之演出。」甲後來不願與乙合作，乙請求甲履行契約之上述內容，甲則抗辯主張該契約的內容限制甲的工作權、經濟自由權，違背公序良俗，應屬無效。請問乙的請求有無理由？

◑ 解　析

本案例取材自最高法院 87 年臺上字第 43 號判決。乙的請求是以契約的內容為依據，所以是以契約有效為前提。上述約款的內容，並非屬於在民法上有明文規定的有名契約或典型契約，但基於私法自治的原則，其內容如未違反合法性、妥當性、可能性、確定性等原則，即應承認其效力。

本例的爭議主要在妥當性。民法第 17 條規定：「自由不得拋棄。自由之限制，以不背於公共秩序或善良風俗者為限。」本條規定的目的，主要在避免當事人中的強者逼迫弱者拋棄其自由或限制其自由，宣示法治國尊重人格，讓每

一個人都能享受法律中的自由權的意旨。

最高法院在本件判決中，未引述本條規定，而直接訴諸憲法上基本權的保障：「憲法第十五條固規定：人民之生存權、工作權及財產權應予保障。但人民之工作權並非絕對之權利，此觀憲法第二十三條之規定自明。演藝人員之經紀人鑑於藝人須長期培訓及投資，因而於演藝人員經紀契約約定演藝人員在一定期間內不得從事與其經紀範圍相衝突之表演活動之限制，倘未逾越合理之範圍，既出於契約當事人之同意，自與憲法保障人民工作權之精神不相違背，亦難謂違反其他強制規定，且與公共秩序無關，自非無效。」

根據上述見解，本件乙對甲的請求是否有理由，應視本例之契約對甲的職業自由的限制，是否已逾越合理範圍而定。最高法院在本件判決中認為類似的限制尚屬合理，其理由大致為：本件兩造於 82 年 2 月 21 日所簽訂之契約書已訂明契約期間：自 82 年 3 月 1 日起至 95 年 3 月 1 日止（本例所假設的時間與判決略有不同），而上述約款之第二點僅限制甲於本契約期間內，未得乙同意前，不得以任何理由參加第三者所舉辦任何名義之表演活動，尤不得中途違約跳槽，尚非限制甲終身不得為其他工作或表演，故並未違背憲法第 15 條規定或違反公序良俗，亦並非無效。

最高法院判決的上述見解，似係認為完全剝奪甲的職業自由或終身予以限制，才是違反公共秩序善良風俗。在該判決及本例中的契約，都是以對演藝人員「綁約」13 年為內容，該 13 年如果是演藝人員的「黃金年齡」，是否太長而成為不合理的限制，仍值得斟酌其他因素而為具體判斷。筆者因此鼓勵讀者深入思考，提出自己的看法。

案例 3

甲有 A 地，縣政府徵收 A 地，計畫配回其他土地以為補償。甲和乙訂定不動產買賣契約書就買賣之不動產記載為：「A 地，面積〇‧五公頃。本買賣土地為縣政府徵收地，待土地配回時，按土地由東方向西方，抑或南向北任選取一百坪，但以三間房屋為準，多退少補，只得由一方選取，不得同時選取兩方向，每間店面以一丈六為準。」後來甲抽籤買回之土地，係散處各地不連接之 A1、A2、A3、A4、A5 等五筆土地，甲以買回之土地並非單一整筆或連續之土地，不願出售，乙請求甲任其選取一百坪，辦理分割及移轉所有權登記並交付之，有無理由？

◑ 解 析

　　本案例涉及一定面積的土地的交易，也涉及是否具有確定性的問題，係取材自最高法院 81 年臺上字第 312 號判決。乙之請求選取 100 坪辦理分割及移轉所有權登記並交付之請求權，是根據契約之約定，故應以認契約有效為前提。

　　本例之契約可能無效之原因，乃其標的不具確定性及可能性，而此等問題均涉及契約約款之解釋。如依民法第 98 條探求當事人之真意，應可認定法律行為之標的物，並非 A 地本身，而是其徵收後之替代物。該替代物在訂約之時雖未確定，但依徵收相關程序以觀，係屬於「將來可得確定」之標的，故應認為具備法律行為標的「確定性」之生效要件。至於標的物進一步確定的方法，約款中記載「按土地由東方向西方，抑或南向北任選取一百坪，但以三間房屋為準，多退少補，只得由一方選取，不得同時選取兩方向，每間店面以一丈六為準。」其具體部分在解釋上亦屬於「將來可得確定」，故對於「確定性」之生效要件，亦未欠缺。

　　關於可能性之問題，本例之上述約款的內容，如從當事人約定「由東方向西方或由南方向北方，任選取一百坪，但僅得一方向選取，不得同時選取二方向，且店面三間每間以一丈六為準」，意在限制買方之選擇權，以保護賣方權利之角度觀之，似可認為當事人於訂約當時的真意，是認為 A 地雖為政府徵收，但配回之土地，當為完整之一筆土地，且以其為一筆土地為限，其訂定之

契約始為有效，即該不動產買賣契約附有停止條件，後來由於停止條件不成就，該契約亦不生效力。如認為該契約未附條件，似亦應考慮後來確定的標的物，如為不連續的土地，而無法「由東方向西方或由南方向北方，任選取一百坪」時，即為給付不能。

最高法院在本件判決並未考慮前述停止條件及可能性的問題，而認為當事人之間關於自訂約時尚未確定的土地內「任選取一百坪」的買賣契約，係屬有效。其理由大致為：甲、乙約定買賣之標的物，既為甲「自縣政府買回之土地內一百坪」，則該「買回之土地」究為完整之一筆，抑或分散各地之數筆，對於乙行使選擇權，就其中選擇 100 坪，無何不同；自甲而言，於一筆土地內移轉 100 坪土地與買受人，或自數筆土地中移轉一筆 100 坪之土地與買受人，亦無何不同。是乙之選擇權，自不因上訴人買回之土地非完整之一筆，而有變更。

上述理由可供讀者參考。

第 2 章

行為能力

第一節　行為能力的基本概念
one ● ●●

　　行為能力是指當事人自為法律行為的能力而言，即當事人得以獨立之意思表示，使其行為發生法律上效果的資格。私法自治的原則，就是要使有行為能力的人對其決定的法律行為負責,而為了保護欠缺行為能力的人，則不應使其受法律行為的拘束。但對於個人行為是否發生法律上效果，如須就行為人之意思能力在個案之中逐一予以審查，事實上幾乎是不可能，也容易發生爭議，並非保護交易安全之道。因此民法以年齡為基礎，區別行為能力的有無及其範圍,而於第 12 條規定:「滿二十歲為成年。」第 13 條規定:「未滿七歲之未成年人，無行為能力。滿七歲以上之未成年人，有限制行為能力。未成年人已結婚者，有行為能力。」

　　自然人達到一定年齡時，智識即已發達，而可權衡利害。民法以滿 20 歲為成年，並以此作為自然人有行為能力的客觀標準，是因為如將人的智識程度如何當成訴訟上的事實問題，法院即應於個案中臨時酌定，遇有爭訟時，則須調查當事人的智識程度，始得決定，其不僅困難重重，也有訴訟遲延的顧慮。上述規定採客觀、絕對的標準，避免對同一問題因判斷結果不一，而產生有害交易安全之情形發生，具有簡化問題的效果，有其可取之處。

　　上述標準的適用對象是心智正常之人。此外，對於因精神障礙或其他心智缺陷，致不能為意思表示或受意思表示，或不能辨識其意思表示之效果者，民法另設有監護宣告制度；對於因精神障礙或其他心智缺陷，致其為意思表示或受意思表示，或辨識其意思表示效果之能力，顯有不足者，民法亦設有輔助宣告制度。依第 14 條及第 15 條之 1 規定，如有上述情形，法院得因本人、配偶、四親等內之親屬、最近一年有同居事實之其他親屬、檢察官、主管機關或社會福利機構之聲請，分別為監護之宣告或輔助之宣告；其受監護之宣告或輔助之宣告之原因消滅時，法院應依前項聲請權人

之聲請，撤銷其宣告。

　　民法為保護受監護宣告之人的利益，於第 15 條規定「受監護宣告之人，無行為能力」，使其人所為之行為，無論確實是在心神喪失或精神耗弱的狀態中，或在心智回復正常之時所為，均歸於無效。此外，為保護受輔助宣告之人的利益，民法第 15 條之 2 第 1 項規定：「受輔助宣告之人為下列行為時，應經輔助人同意。但純獲法律上利益，或依其年齡及身分、日常生活所必需者，不在此限：一、為獨資、合夥營業或為法人之負責人。二、為消費借貸、消費寄託、保證、贈與或信託。三、為訴訟行為。四、為和解、調解、調處或簽訂仲裁契約。五、為不動產、船舶、航空器、汽車或其他重要財產之處分、設定負擔、買賣、租賃或借貸。六、為遺產分割、遺贈、拋棄繼承權或其他相關權利。七、法院依前條聲請權人或輔助人之聲請，所指定之其他行為。」

　　民法將人之行為能力，視為人的法律地位問題，故在第 12 條以下規定其標準，並將其對法律行為效力之影響問題，納入私法自治的法律行為的架構之中，而規定於第 75 條以下。民法並未明文規定法律行為須以當事人有行為能力為生效要件，但一般認為民法對無行為能力人及限制行為能力人的法律行為效力的規定，乃是在完全行為能力人的法律行為以外的特別規定，故未為明文規定的完全行為能力人，其法律行為即不發生行為能力欠缺或被限制的問題。

第二節　　無行為能力人
two ●　●●

一、法律行為無效

　　民法為保護無行為能力人之利益，於第 75 條規定：「無行為能力人之意思表示，無效；雖非無行為能力人，而其意思表示，係在無意識或精神錯亂中所為者亦同。」本條所稱無行為能力人，依民法第 13 條及第 15 條規

定，即指未滿 7 歲之未成年人及受監護宣告之人而言；所稱意思表示，係指表意人將內心的意思透過行為表示出來，一般認為此處是指法律行為而言；所稱無效，即不具有效性 (validity) 或未能生效，而且是指自始、當然、絕對、確定無效而言。

根據本條規定，未滿 7 歲之人不因有事實上的意思能力或受監護宣告之人在心神回復正常中，而使其法律行為有效；無行為能力人所為的法律行為無治療或補正的可能，不因法定代理人的事前允許或事後承認而有效。本條關於無行為能力人的保護，在理論上應優先於交易安全的維護，故與無行為能力人為法律行為的相對人，即使善意不知其為無行為能力人，亦不能因善意而主張其法律行為為有效。

二、無意思能力

民法對於無行為能力人既有明確定義，非無行為能力之人，即有行為能力或限制行為能力之人，本來並無適用無行為能力人規定之理由，但民法第 75 條仍規定「其意思表示，係在無意識或精神錯亂中所為者亦同」。此一規定重點係在說明其所為之意思表示無效，非在創造「暫時性的無行為能力」狀態，或「準無行為能力人」的概念，其規定架構頗易引起誤會。本條所稱「無意識」或「精神錯亂」，都是需要以醫學的臨床認定予以輔助的法律概念，一般是參考當事人於意思表示當時的各種情狀，倘足以認定其欠缺就其內容為適當判斷及決定的意思能力，且其程度已達不能為有效的意思表示者，即符合其標準。例如行為人是在睡夢中、泥醉中、疾病昏沈中所為，或偶發的精神病人在心神喪失的狀態中所為，其意思表示或該法律行為均依本條規定為無效。

實務上對於法律行為是否因行為人欠缺行為能力或意思能力，而歸於無效的問題，認為應以行為時的狀態為準，並由法院就具體情形認定之。在最高法院 80 年臺上字第 1775 號判決中，行為人雖被稱為「白痴」、「先天心神喪失」，法院乃認為應再調查「其於切結書上簽名時，是否非在無意識中所為，而已了解切結書之內容，並願意將系爭房地所有權平分移轉登

記與被上訴人」。關於舉證責任的問題，行為人之有無行為能力，得由法院依職權認定，但有無意思能力，則應由當事人負舉證責任。故最高法院 58 年臺上字第 3653 號判例謂：「上訴人提出之證明書，雖證明被上訴人於五十四年間曾患有精神病症，但不能證明被上訴人於和解時，係無意識或有精神錯亂之情形，且被上訴人又未受禁治產之宣告，難認和解有無效之原因。」❶

三、法定代理人的代理權

　　無行為能力人雖無法獨立為法律行為，仍有權利能力，並得為事實行為的主體，為使其權利義務仍得受必要的管理及變動，民法乃規定其得以代理方式為法律行為。由其法定代理人代為意思表示，稱為積極代理；第三人欲向無行為能力人為意思表示時，由其法定代理人代受意思表示，稱為消極代理。未滿 7 歲的無行為能力人，其法定代理人為父母（民 1086）；未成年人無父母或父母均不能行使負擔對未成年子女之權利義務時，應置監護人（民 1091），無行為能力的受監護宣告之人，也應置監護人（民 1110），而其法定代理人，即為其監護人（民 1098）。法定代理人以無行為能力人名義所為的法律行為，其效力歸屬於無行為能力人，使無行為能力人得因而取得權利、負擔義務。

第三節　　限制行為能力人
three ● ●●

一、規範架構

　　滿 7 歲以上之未成年人為限制行為能力人（民 13 II），智識尚未充分發

---

❶　目前實務根據本則判例之精神，對於已經成年，身心發展受有障礙，但未受禁治產（監護）宣告之人，基本上仍認定其法律行為有效。請參閱最高法院 86 年臺上字第 3468 號判決、臺灣桃園地方法院 89 年訴字第 691 號民事判決。

達，在法律上既非全無行為能力，也非有行為能力，僅有不完全的行為能力。民法對限制行為能力人之保護，非如對無行為能力人的絕對保護，並使其法律行為一律無效，亦非完全不予以保護，聽由其因法律行為之生效而蒙受不利益，而是採取折衷之道，一方面為其置法定代理人（民1086、1098），使法定代理人得為其利益而代其為意思表示及受意思表示，另方面則對法定代理人委以保護限制行為能力人之責，使其得依具體情形，決定是否同意限制行為能力人為特定之法律行為。

民法總則編中關於限制行為能力人的規定，原則上適用於其所為的財產上行為，至於身分上行為，由於親屬編對其已有特別規定，並不適用總則編的規定，但有些法律行為依規定仍應獲得法定代理人的同意，例如未成年人的訂婚（民974）、結婚（民981）、兩願離婚（民1049）及被收養（民1076-2 II）等。

二、法定代理人的允許及承認

民法第77條本文規定：「限制行為能力人為意思表示及受意思表示，應得法定代理人之允許。」一方面說明限制行為能力人已有不完全的行為能力，故只要獲得法定代理人的允許，所為的法律行為即屬有效，另一方面也說明限制行為能力人並無完全的行為能力，故其對於他人為意思表示或受他人之意思表示，均應得法定代理人之允許予以補充，其法律行為始發生效力，如未得法定代理人的允許，其所為的法律行為並非當然有效。本條所稱法定代理人的「允許」，是指在限制行為能力人為法律行為之前，法定代理人同意其為該法律行為而言，相對於此，法定代理人如在限制行為能力人為法律行為之後，始就該法律行為予以同意，則稱為「承認」。

限制行為能力人所訂立之契約，得經法定代理人之事前允許或事後承認，以補充其行為能力的不足，故民法第79條規定：「限制行為能力人未得法定代理人之允許，所訂立之契約，須經法定代理人之承認，始生效力。」第81條規定：「限制行為能力人於限制原因消滅後，承認其所訂立之契約者，其承認與法定代理人之承認，有同一效力。」法定代理人對限制行為能

力人利益的保護，除以行使同意權的方式，補充其行為能力之不足外，亦得行使代理權，逕行代為法律行為。法定代理人對限制行為能力人的法律行為的允許，目的係在補充限制行為能力人的能力之不足，故應基於未成年人利益的考量，審慎為之。

　　法定代理人的上述允許，並非限制行為能力人所為法律行為之一部，其在性質上為法定代理人的一種意思表示，為有相對人的單獨行為，法定代理人得向限制行為能力人或其相對人表示。限制行為能力人經允許後，即得為有效的法律行為，但如限制行為能力人一直未為被允許的法律行為，該允許亦無何意義，故似宜認為法定代理人的允許的意思表示，是以限制行為能力人為該被允許的法律行為為停止條件，且在限制行為能力人未為法律行為以前，法定代理人得以相同的方式，隨時撤回其允許，以保護限制行為能力人。

　　最高法院判例認為允許乃使其法律行為發生完全效力之法律上條件，法律上既未定其方式，則雖限制行為能力人所為法律行為為要式行為時，亦無須踐行同一之方式，即法定代理人得以適當的言詞或書面，明示或默示方式為之；❷而且，只要得法定代理人之允許，即為已足，並無使法定代理人到場，並於書面上簽名之必要。❸

三、處分財產及獨立營業的允許

　　法定代理人對於限制行為能力人所為法律行為的允許，原則上係針對個別特定的法律行為為之，至於對於限制行為能力人為一般行為的概括性允許 (generelle Einwilligung)，由於其將使法定代理人毋庸再對特定的法律行為，個別考慮限制行為能力人的利益狀態，削減法定代理人保護限制行為能力人的功能，並將使限制行為能力人承擔與完全行為能力人相同的責任，與民法設計限制行為能力制度的本旨相違，故不妨認為概括之允許，因違反第 77 條「應得允許」的強制規定，應屬無效。不過，限制行為能力

❷　參照最高法院 32 年上字第 3276 號判例。
❸　參照最高法院 32 年上字第 3043 號判例。

人正值人格養成及能力培養的階段，而適度使其親身體驗自負盈虧的各種現實，並令其承擔一定之風險，亦為其正常成長所必經之歷程，民法乃對於特定財產的處分和獨立營業設有例外的規定，以便由法定代理人選擇最適當之方式，培養並教育限制行為能力人將來的生存之道。

民法第 84 條規定：「法定代理人允許限制行為能力人處分之財產，限制行為能力人，就該財產有處分之能力。」本條規定法定代理人得允許限制行為能力人就特定財產為處分，以利其學習判斷是否處分及如何處分該財產的相關事宜。法定代理人允許限制行為能力人處分的財產，通常為生活費、零用錢、獎勵金、學雜費等，限制行為能力人對於此等財產，「有處分之能力」，即得隨時以各種方式予以處分，直接使該財產之權利發生變動，且不得再以各個處分行為未得法定代理人之具體允許，而不負其責任，但仍然不是有完全行為能力人。

民法第 85 條第 1 項規定：「法定代理人允許限制行為能力人獨立營業者，限制行為能力人，關於其營業，有行為能力。」法定代理人依本條項規定，可以允許限制行為能力人獨立營業，「營業」通常是指經營商業而言，其內容包括經營便利商店、雜貨店、小吃店或書報攤等，只要是經允許的獨立營業，關於該營業的所有相關行為，例如買賣物品、聘僱人員、租用店面等個別行為，限制行為能力人依本條項規定即「有行為能力」，自然不必就各個法律行為，再逐一經法定代理人的允許。此一規定創設出「有行為能力」的限制行為能力人，但其僅就「關於其營業」的部分有行為能力，在其他方面仍屬限制行為能力，故學理上稱為「部分行為能力」(Teilgeschäftsfähigkeit)。

法定代理人依上述規定允許限制行為能力人獨立營業後，限制行為能力人就其營業有行為能力，如因其營業涉訟，即為民事訴訟法第 45 條所稱「能獨立以法律行為負義務之人」，並有訴訟能力。不過，限制行為能力人雖經允許營業，而依法有部分行為能力，有時法律仍對其設有特別限制，就此一部分，限制行為能力人仍應受其規定之拘束，例如公司法規定限制行為能力人不得擔任公司經理人及公司發起人（公司 30、128），限制行為

能力人被選任為公司董事及監察人的情形,經依民法第 85 條允許獨立營業的限制行為能力人，仍不被認為有行為能力（公司 192 III、216 IV）。

經允許營業的限制行為能力人，即使關於其營業有行為能力，惟畢竟仍為未成年人,不免因經驗不足或思慮不周而遭遇困難。為予以周全保護，民法第 85 條第 2 項乃規定「限制行為能力人,就其營業有不勝任之情形時,法定代理人得將其允許撤銷或限制之。但不得對抗善意第三人。」本條項的撤銷，應以限制行為能力人不勝任其營業為要件，撤銷的意義與終止相當，其目的是使原來被允許的營業，全部均歸於失效，使限制行為能力人就該部分不復有行為能力。至於限制，則是指限縮原來已允許的營業範圍，使其部分失效而言。但書所稱不得對抗善意第三人，是指法定代理人允許限制行為能力人獨立營業之後，依本條將其允許撤銷或加以限制，而限制行為能力人仍然為不再被允許的營業行為時,該營業行為的相對人即第三人，如不知其允許已被撤銷或限制,仍得主張限制行為能力人就該行為有行為能力。❹

四、無須得允許的法律行為

民法對於自然人的行為能力，在有行為能力和無行為能力之外，另再規定限制行為能力的狀態，即在創設行為能力介於有、無之間，法律行為既非當然有效，也非當然無效的第三種人，而使行為能力的整體規定呈現彈性、合理，以配合現代社會的需要。因此，民法為平衡社會交易安定和具體個案的公平正義，對於限制行為能力人應得法定代理人的允許，始得為法律行為的規定，也設有若干例外規定，值得注意。❺

❹　商業登記法第 11 條就法定代理人的允許,有下列關於登記的特別規定:「限制行為能力人，經法定代理人之允許，獨立營業或為合夥事業之合夥人者，申請登記時，應附送法定代理人之同意書。法定代理人如發覺前項行為有不勝任情形，撤銷其允許或加以限制者，應將其事由申請商業所在地主管機關登記。」

❺　論者也有在本書所列三種,再加上限制行為能力人就法定代理人允許處分之財產所為之處分行為、經法定代理人允許之營業行為，而合稱為例外得為獨立有效之法律行為者。黃陽壽，《民法總則》，自版，2003 年 1 月，頁 259 以下。

㈠純獲法律上利益的法律行為

　　限制行為能力人「純獲法律上利益」的法律行為，依民法第77條但書規定，不受該條本文「應得法定代理人之允許」規定的限制。「純獲法律上利益」在文義上，是指限制行為能力人單純享有法律上利益，而不負擔任何法律上義務而言，立法理由指其為「單得權利、單免義務之行為」，包含接受他人的單純贈與、領取保險金或接受債權人免除債務的情形在內。此等行為對於限制行為能力人「有益無損」，故得由限制行為能力人直接為之。限制行為能力人如接受代理權之授與，再以本人之代理人之名義為法律行為，其法律行為之效力直接歸屬於本人，乃是對限制行為能力人「無得亦無失」之「無損益法律行為」(indifferente Rechtsgeschäfte)，解釋上可認為是限制行為能力人「純獲法律上利益」。最近的學說進一步認為，本條係為保護限制行為能力人的利益而設，所以對於限制行為能力人顯屬經濟上有利益的行為，即使限制行為能力人亦應負擔一定的法律上義務，例如相對人願意以象徵性價格2000元出售時價20000元之電腦時，宜解為純獲利益或參酌第87條第2項隱藏行為的規定，解為贈與，使其行為獨立有效。❻

㈡依年齡及身分，日常生活所必需的行為

　　自然人由無行為能力過渡到有行為能力，必須經過限制行為能力的階

---

❻　施啟揚，《民法總則》，自版，2005年6月6版，頁220。多數學者認為單純取得權利，免除義務，才是純獲利益，如王澤鑑，《民法總則》，自版，2000年9月，頁354；劉得寬，《民法總則》，臺北：五南，1982年9月修訂初版，頁210；史尚寬，《民法總則釋義》，自版，1973年8月臺北重刊，頁278。本書認為「純獲法律上利益」一語從嚴解釋並無不當，因為只要限制行為能力人因而應負擔義務，即非「純獲」「法律上利益」，本來就不屬於但書的規範範圍，如使認該行為有效，必使限制行為能力人立即負擔義務，在限制行為能力人不能或不願履行義務時，恐將發生該行為是否對限制行為能力人有利之爭議，故不如認為該行為應回歸適用本文之原則，藉法定代理人同意權之行使，以保護限制行為能力人之利益。

段，所以限制行為能力人已在一定的範圍內，得獨立為法律行為。民法第77條但書規定限制行為能力人「依其年齡及身分，日常生活所必需者」，不必得法定代理人的允許，得自為法律行為，即是使其逐步學習，準備全面承擔法律上義務之設計。此一規定具有相當的不確定性，有爭議時須斟酌各種主、客觀因素，綜合判斷之。一般而言，無論是工作或求學的日常生活所必需的各種法律行為，例如購買食物、飲料、文具、書報、衣物、搭乘大眾交通工具、一般休閒活動等，只要依社會客觀標準，與限制行為能力人的年齡及身分相當，限制行為能力人即得獨立為之，並應負擔因此而生之義務。

(三)強制有效的法律行為

限制行為能力人的法律行為之所以不當然有效，主要是為保護限制行為能力人，以免其因思慮不周、經驗不足，而遭受不利益，但如果貫徹此一原則，有時會形成保護過度並對相對人不公平的情況。民法第83條因此乃規定：「限制行為能力人用詐術使人信其為有行為能力人或已得法定代理人允許者，其法律行為為有效。」本條並非完全撤除對限制行為能力人的保護，而係僅就特定個別的法律行為為例外規定，排除其保護規定的適用。故本條規定限制行為能力人的法律行為有效，不是給予利益，鼓勵其使用詐術，而是藉此懲罰使用詐術的限制行為能力人，並保護其相對人的利益。

本條適用的要件，是「限制行為能力人用詐術使人信其為有行為能力人或已得法定代理人允許者」，分析言之，不僅要其「用詐術」，且須「使人信」，始足當之。限制行為能力人的詐術中，較常見的是塗改身分證或戶籍謄本上年齡或身分（已結婚）的記載，或偽造、變造法定代理人的同意函件，使人誤信為已具有行為能力或已得有允許。在最高法院47年臺上字第1763號判決中，限制行為能力人偽刻法定代理人印章，詐稱其所為法律行為已得法定代理人之允許，致使相對人誤信為真，即有本條的適用。

本條所稱「用詐術」，是指故意以詐騙欺瞞的手段，積極誘使相對人發生誤信而言。如相對人發生懷疑而詢問，而限制行為能力人僅支吾其詞或

沈默不答，尚不宜認其消極行為已構成詐術，因為相對人既明知其行使詐術，而仍繼續與其為法律行為，則仍應由相對人承擔該法律行為未能生效的風險。至於「使人信」，是指相對人最後已相信其為有行為能力人或已得法定代理人允許，而法律行為應屬有效，且其所以如此，是因為限制行為能力人用詐術之故，即用詐術與相對人的誤信之間，須有相當因果關係而言。

限制行為能力人的法律行為，如符合本條的上述要件，則即使其非有行為能力人，亦未得法定代理人的允許，該法律行為仍「為有效」。此種設計一方面對限制行為能力人的使用詐術，予以剝奪原有法律保護的直接處置，另方面則對於信賴法律行為有效的相對人，保護其信賴利益，在交易秩序中的靜的安全和動的安全之間，調整其平衡點。❼

五、未得允許法律行為的效力

限制行為能力人之法律行為，原則上應得法定代理人之允許，未得允許時，其法律行為的效力，在民法上有依類型而異的規定。

㈠單獨行為

民法第 78 條規定：「限制行為能力人，未得法定代理人之允許，所為之單獨行為，無效。」本條規定是為保護限制行為能力人而設，立法理由並指出：「單獨行為者，即由一方之意思表示而成立之行為也。有有相對人者，亦有無相對人者，前者如契約之解除，債務之免除是，後者如寄附行為是。大抵此種行為，要皆有損於行為人。限制行為能力人智識尚未充分發達，其所為之單獨行為，自應使其得法定代理人之允許，方為有效，始足以保

---

❼　因限制行為能力人用詐術，而信其為有行為能力人或已得許可的相對人，可能進而與限制行為能力人訂立契約或為共同行為，但無進而為單獨行為或受單獨行為之問題，故本條的「其法律行為為有效」，是指限制行為能力人、法定代理人及相對人，均不能再主張該契約或共同行為係效力未定，相對人也不得以被詐欺為理由予以撤銷而言。

護其利益。」依本條規定，限制行為能力人未得事前允許的單獨行為無效，不能因事後承認而補正。

限制行為能力人的思慮難期周全固為事實，訴訟上如依本條規定保護限制行為能力人，其前提乃系爭法律行為屬於單獨行為。在最高法院 52 年臺上字第 2436 號判決中，限制行為能力人未得法定代理人之允許所為之票據行為，由於票據行為為單獨行為，最高法院乃依本條認定其無效，並指出對於限制行為能力人所為之票據行為，主張其已得法定代理人之允許，而對之行使追索權者，應負舉證之責任。在最高法院 69 年臺上字第 2041 號判例中，拋棄繼承之繼承人中，有甲、乙、丙三人於書立拋棄書時，均為限制行為能力人，最高法院認為拋棄繼承為單獨行為，其拋棄繼承倘未得其法定代理人之允許，依民法第 78 條規定，應屬無效。

本條的適用是以限制行為能力人「未得法定代理人之允許」為前提，對於依法無須經法定代理人之允許的單獨行為，應不適用，乃屬當然。例如民法第 1186 條第 2 項規定：「限制行為能力人，無須經法定代理人之允許，得為遺囑。但未滿十六歲者，不得為遺囑。」換言之，滿 16 歲的限制行為能力人，就為遺囑的單獨行為，已具有得獨立為之的行為能力。

㈡契約行為

限制行為能力人為契約行為時，除其本身的意思表示之外，並須有與其合致的相對人的意思表示，始能成立（民 153）。相對人固然偶有「幼吾幼以及人之幼」，不會貪取限制行為能力人之利益者，但也不免有見獵心喜、藉機圖利者，為保護限制行為能力人的利益，自宜有適度限制該契約的效力。

1.效力未定

民法第 79 條規定：「限制行為能力人，未得法定代理人之允許，所訂立之契約，須經法定代理人之承認，始生效力。」例如 18 歲的甲在 2009 年 12 月 1 日，以自己的名義向機車行老板乙訂購 A 型機車，約定價金 30000 元，雙方同意在 2010 年 1 月 15 日交車交錢。如甲未得法定代理人之允許，

甲乙之間的機車買賣契約，依本條規定即屬效力未定；即該契約雖已經成立，仍須經甲的法定代理人之事後承認，始生效力，在未生效力之前，乙不得請求甲履行契約。

法定代理人的承認是有相對人的單獨行為，應向限制行為能力人本人或法律行為之相對人以意思表示為之（民116）。法定代理人固然可以承認效力未定的契約，限制行為能力人自己於限制原因消滅後，例如已成年或結婚後，亦得向相對人承認其所訂立之契約，❽其承認與法定代理人之承認，有同一之效力（民81 I）。法定代理人同意的目的，是在保護限制行為能力人，避免遭受不利益，法定代理人如為自己利益或其他不合理原因，對於有利於限制行為能力人的契約仍故意不同意，有可能構成濫用權利，導致其喪失作為法定代理人的資格（民1090）。

2.相對人的催告權與撤回權

限制行為能力人的契約行為處於效力未定的狀態，使法律行為的相對人承擔其不生效的風險，雖是保護限制行為能力人的結果，但其妨礙交易安全，也是事實。為平衡雙方當事人的利益保護，促使法律行為的效力早日確定，民法乃特別規定相對人的催告權與撤回權。

關於催告權，民法第80條規定：「前條契約相對人，得定一個月以上期限，催告法定代理人，確答是否承認。於前項期限內，法定代理人不為確答者，視為拒絕承認。」催告應向法定代理人以意思表示為之，限制行為能力人之限制原因已消滅者，也得向該行為人為之（民81 II）；催告以言詞或書面為之均無不可，為舉證方便，通常可以郵局存證信函通知對方。催告期間為強制規定，必須訂為一個月以上，當事人不得予以縮短，所訂期間不及一個月者，宜延長為一個月，以符合本條的意旨。催告的效力非由相對人所自定，其性質為準法律行為中的意思通知。法定代理人如於所定期間內承認，其法律行為即生效力，如拒絕承認，其法律行為即不生效力，如不為確答者，視為拒絕承認。

關於撤回權，民法第82條規定：「限制行為能力人所訂立之契約，未

---

❽　參照最高法院69年臺上字第1731號判決。

經承認前，相對人得撤回之。但訂立契約時，知其未得有允許者，不在此限。」依此規定，相對人除靜待法定代理人確答是否承認之外，亦可主動行使撤回權，使其行為確定的不發生效力。撤回乃對於尚未發生效力的法律行為，阻止其效力發生的行為，必須在法律行為未經承認前為之，因為如其已經承認，則已確定發生效力，不能再行撤回，如其已經被拒絕承認，已確定不發生效力，也不必再為撤回。撤回權是為保護善意的相對人而設，如相對人為惡意，即於訂約時已知限制行為能力人未得有允許，即無保護的必要，而應由其承擔法定代理人承認與否的風險，此時相對人僅有催告權而無撤回權。

第四節　案例解析　*four* ●●●

案　例

　　甲家境清寒，10 歲時父親騎機車發生車禍死亡，其母乙罹患憂鬱症，長期服藥控制，處境堪憐。甲 18 歲時考上大學，經母親乙之同意，辦理就學貸款，並在丙便利商店打工賺取生活費。甲以打工所得工資，向丁購買一輛中古機車。如丁交車給甲後，乙反對甲購買機車，甲得否退回機車，請求丁返還車款？

● 解　析

　　本例中之甲購買機車之後，得否退回機車，請求丁返還車款，應視其買賣契約是否有效而定。如契約有效，甲應支付車款，丁得受領並取得其利益；如契約無效，甲即得依不當得利之規定，請求丁返還所受之利益。

　　甲於購買機車時尚未成年，其所訂定之契約，如未於事前獲得法定代理人之允許，依民法第 79 條規定，須經法定代理人之承認，始生效力。但如為第 77 條但書所定，不須得法定代理人之允許者，例如純獲法律上之利益，或依其年齡及身分、日常生活所必需者，定屬有效。甲購買機車並非純獲法律上之利益，以目前大學生的情形而言，亦難謂係依其年齡及身分、日常生活所必需者，

故仍應獲得乙之允許。

　　不過，乙既已允許甲在便利商店打工，似亦應認為已允許甲對其工資為適當之運用，而依第 84 條規定：「法定代理人允許限制行為能力人處分之財產，限制行為能力人，就該財產有處分之能力。」購買機車亦為甲處分其工資的一種方式，故宜認為甲雖未成年，但已依法有處分其工資之能力，就該機車之買賣契約之訂定及履行，亦有行為能力。乙雖然對於機車心有餘悸，並反對甲之購買機車，但該買賣契約仍屬有效，丁無須返還已收受的車款或價金。

第 3 章

意思表示

第一節　意思表示的概念

one ● ● ●

　　意思表示 (Willenserklärung) 是法律行為的要素和基礎，是表意人將其內心期望發生一定法律效果的意思，表示於外部的行為。表意人透過意思表示，一方面實現其關於單獨行為的法律效果，另一方面也和相對人就契約行為的內容交換意見。意思表示在學理上可分為三個過程，包含二個表意人內在或主觀的「意思」和一個外顯或客觀的「行為」：(1)當事人形成期望其行為發生某種法律上效果的意思，稱為效果意思，(2)當事人形成將此效果意思表達於外部的意思，稱為表示意思，(3)進而將此表示意思表達於外部的實際行為，稱為表示行為。不過，效果意思和表示意思在實際上很難區分，所以也有僅分為主觀意思和表示行為者。❶

一、意思表示的內涵

(一)效果意思

---

❶　學者也有再將主觀意思或內心之意思，再進一步細分為下列三類者：(1)行為意思 (Handlungswille, action will)：有為行為的意思。如無意識之人被他人當成工具利用。若遭脅迫，只是意思表示不自由，仍然具有行為意思。(2)表示意識 (Erklärungsbewusstsein, consciousness)：行為人認識其行為具有某種法律上之意義，如利用電子商務交易時，明知依網頁之說明，按下確認鍵，就表示交易完成，而仍然按下。假借送掛號信要人簽名，結果卻是簽下借條。(3)效果意思 (Geschäftswille)：行為人欲依其表示而發生特定之法律效果，如果誤寫金額，則其對外之表示就與效果意思不相符。王澤鑑，《民法總則》，自版，2000年9月，頁362；黃立，《民法總則》，自版，1999年10月2版1刷，頁217～218。上述三種主觀意思為意思表示成立之要素，如有欠缺，即為意思表示不成立。郭玲惠，〈意思表示之不一致與意思表示之不成立〉，收入於楊與齡主編，《民法總則爭議問題研究》，臺北：五南，1998年10月初版，頁241以下。

效果意思又稱為效力意思或法效意思，是指表意人在內心期望發生某種法律效果的主觀意思。例如買受人期望取得土地或汽車的所有權、出賣人期望獲得價金、結婚者或收養者期望成為相對人的配偶或養父母、付費購買電影票者期望欣賞電影的播放、受僱人期望獲得報酬等都是。上述法律效果的內容，包括獲得財產上、身分上或精神上的法律利益，但不包括不具有法律意義的其他利益。例如接受朋友邀請赴宴者，雖然也期待受到最好的招待，邀請人在「道義」上也應該要盡主人之誼，但一般認為在此種社交關係中，並不能期待在當事人間發生某種法律效果；此時當事人所滿心期待者，只是某種禮尚往來的效果，既無此處所稱的效果意思，自不能以意思表示的法律規範予以拘束，也不能認為其間已發生民法上的權利義務關係。

通常表意人是基於　定的動機，而形成效果意思，再將此項意思，透過表示行為對外表示，而成為具有法律上拘束力的意思表示。效果意思與意思表示的「動機」有別，例如當事人為資助弱勢族群的動機，而在園遊會的攤位上購買物品時，其內心的動機只是意思表示的遠因，其欲取得物品所有權的意思，才是此處所稱的「效果意思」。

(二)表示意思

表示意思也稱為表示意識，它和表意人內心已決定的效果意思不同，而是指將效果意思經由其表示行為，表達於外部使人了解的意思。表示行為必須是基於此種表示意思所為，始能使表意人對外所表示的效果意思發生法律效力。徒有外部客觀的表示行為，而欠缺表示意思的情形，即不能發生表示的效果。例如在路邊無意呼叫計程車司機的人，由於其揮手招呼的目的在與友人寒暄或其他，並非出於與計程車司機訂約的意思，即使被誤以為是招僱車輛的行為，仍不宜認為已有招僱車輛的意思表示。表示行為是否具有表示意思，乃是表意人內心的主觀情況，認定甚不容易，因此一般都以社會一般觀念，就外部行為的動作為合理判斷，認定其是否具有表示意思。如果認為表示行為本身應具備主觀的表示意思和客觀的行為，

則欠缺表示意思的情形，也可以認為是欠缺完整的表示行為。

㈢表示行為

表示行為是指表意人將內部的效果意思，表達於外部，使相對人了解的行為。表意人內心的效果意思，如未以一定的表達方式表示出來，相對人無法了解或推斷其內容，即不發生法律上的效力，但有表示行為之後，即應受其表示的內容的拘束。例如甲對乙所收藏並有意出售的古董非常喜歡，並且一直默默存錢，準備向乙購買，但一直未向乙表示其意思，直到乙將該古董出售給丙，甲才說明其有意購買已久，並請求乙優先出售給他，此時甲雖然確實有要購買的意思，但因未將其表示於外，乃未發生法律上的效力。

表示行為的方式，一般是以語言、文字或動作為之，只要可將其意思表達出來即可，無論明示或默示均可。目前表示行為的方式很多，至少可以包括書信、電報、傳真 (fax)、電話、網路通訊軟體 (即時通、MSN、SKYPE等)、電子郵件 (E-mail)、手語、簡訊或旗語等，除當事人間有特別約定外，只要按照社會上一般表達的方式，或當事人所屬行業、地區慣用的表達方式為之即可。

二、意思表示的類型

㈠明示的意思表示與默示的意思表示

表意人直接以語言、文字或當事人了解的符號等表示方法，將其內心的效果意思表示於外者，為明示的意思表示；以舉動或使人推知的方法，間接表示其效果意思者，為默示的意思表示。例如以書信、傳真、電話、電子郵件或網路下單的方式訂購商品，均為明示的意思表示；顧客在自助餐廳自行取用食物，雖未表示要購買取用的食物，仍可認為是以默示意思表示，與餐廳經營者訂定關於用餐的契約。明示和默示的意思表示都是「積極的行為」，其表示行為具有同樣的價值，但一般的意思表示均為明示，當

事人通常直接表示要約、承諾、同意、承認、免除等意思表示。法律對於意思表示的方式，通常未予以限制，不論以明示或默示方式為之，其效力並無不同，但有時法律對於特定的法律行為，特別規定應以明示的方式為之，例如連帶債務的成立依規定應以明示方式為之（民272），當事人如以默示的意思表示為之，其法律行為即屬無效（民73）。

　　沈默與默示的意思表示，儘管在事實的認定上，有時不易區別，但在法律的適用上，有時卻關係重大❷。當事人如對於特定的事實，發生究為沈默與默示的意思表示的爭議，應由法院認定之。實務上對於以支付金錢為標的之債務，在債務人因無金錢清償，將所有之田交債權人收取租金抵償利息的情形，認為是對於債權人承認請求權存在之表示（最高法院38年臺上字第2370號判例），即是認定其為默示的承認債務的意思表示。此外，在租賃期滿後，如承租人繼續為租賃物的使用收益，可認定其為繼續承租的默示表示，而出租人繼續收取租金，可認定為延長租賃契約的默示表示。

　　「沈默」與默示的意思表示常相混淆，但沈默乃單純的不作為，當事人既無明示，也無默示的意思表示，自不能發生意思表示的效力。不過，我國法律有時將沈默擬制為「不同意」的意思表示，例如民法第80條第2項、第170條第2項、第302條第1項均將沈默「視為拒絕承認」，第386條將沈默「視為拒絕」；有時也將沈默擬制為同意，例如第387條第1項規定「標的物因試驗已交付於買受人，而買受人不交還其物，或於約定期限或出賣人所定之相當期限內不為拒絕之表示者，視為承認。」第451條規定「租賃期限屆滿後，承租人仍為租賃物之使用收益，而出租人不即表示反對之意思者，視為以不定期限繼續契約。」這些情形的沈默，在學理上雖被稱為「擬制的意思表示」或「非真正的意思表示」，但與意思表示仍有不同。

　　沈默除依法律規定被擬制為意思表示之外，有時也依當事人約定，被視為或解釋為「意思表示」，例如當事人約定對於訂貨的要約，不於一定期

---

❷　例如民國42年涉外民事法律適用法第6條第2項規定之「當事人意思不明」，究竟是指當事人無明示之意思或當事人無意思表示，理論上產生不少爭議，目前的修正草案乃將「意思不明」修正為「無明示之意思」。

間內拒絕者，視為同意（承諾）。此外，在某些行業的習慣上，沈默也被視為某種「意思表示」，例如在推選法人董事的會議習慣上，常以「無異議通過」的方式形成決議，如被推選人不反對接受董事職位，其沈默即常被視為同意（接受）。

㈡有相對人的意思表示與無相對人的意思表示

表意人的意思表示，有的依法應向相對人表示，有的無需向相對人表示，前者稱為有相對人的意思表示，後者稱為無相對人的意思表示。有相對人的意思表示，必須於相對人了解或到達相對人時，始發生效力（民 94、95）；無相對人的意思表示則於意思表示完成時，立即發生效力。

法律行為的意思表示通常都有相對人，只有少數法律行為不須向相對人為表示。雙方行為中訂定契約所需的要約或承諾，固然是有相對人的意思表示，共同行為中的總會決議（民 52），在理論上也為有相對人的意思表示，單獨行為中法定代理人的允許（民 77）、法律行為的撤銷與承認（民 116）、無權代理的承認（民 170）、債務的免除（民 343）等也應向相對人為意思表示。無相對人的意思表示，包含設立財團的捐助行為（民 60）以及立遺囑（民 1189）等。

㈢健全的意思表示與不健全的意思表示

表意人的意思表示，依其是否出自其真心及自由的意思所為的表示，可分為健全的意思表示及不健全的意思表示。一般的意思表示，都是健全的意思表示，但如有被詐欺、被脅迫（民 92）、錯誤（民 88）、心中保留（民 86）或通謀虛偽（民 87）等情形，則其意思表示即不健全。健全的意思表示可依其效果意思發生法律上效力，不健全的意思表示未必都能依其效果意思發生法律上效力，為保護表意人的利益，該意思表示如非無效，表意人亦得於具備法定要件時予以撤銷。

㈣對話的意思表示與非對話的意思表示

　　表意人與相對人如能直接表示意思、溝通意見，即為對話的意思表示；如僅能間接表示意思、溝通意見者，即為非對話的意思表示。在我國民法上之所以要有此種區別，主要是因為二者的生效時間不同：對話人為意思表示者，其意思表示，以相對人了解時，發生效力（民 94）；非對話而為意思表示者，意思表示以通知達到相對人時，發生效力（民 95）。當事人如當面對談，固為對話的意思表示，其以電話、傳真、網路即時通、旗語、符號等直接表示意思，而為相對人所了解者，亦為對話的意思表示，但如以書信、函件、電報、字條等傳達方式表示意思、交換意見者，則為非對話的意思表示。

第二節　　意思表示的生效時期
two ● ●●

　　意思表示的生效時期，即是表意人應對其所為意思表示負責的時期。表意人的意思表示生效之後，便不得任意撤回，古語所謂「一言既出，駟馬難追」，其中「駟馬難追」即在說明意思表示的生效。我國民法對於意思表示的生效時期，因其有無相對人及是否對話而為意思表示，而有不同規定，並非採統一的標準。❸

一、無相對人的意思表示

　　無相對人的意思表示，只須意思表示脫離表意人的支配範圍，即於表示行為完成時，立即發生效力。例如捐助行為（民 60）、拋棄物權（民 764）及訂立遺囑（民 1189）的意思表示，均在表意人的表示行為完成時生效。

---

❸　關於民法第 94、95 條規定的性質，最高法院 89 年臺上字第 2869 號判決謂：「此非強行規定，倘契約當事人對意思表示之方式及其效力有特別之約定，應從其約定。」

值得注意的是，以此等意思表示為要素的法律行為，其生效時間應為所有生效要件（尤其是特別生效要件）具備之時，例如動產物權的拋棄應拋棄動產之占有（民 764 III），遺囑於立遺囑人死亡時發生效力（民 1199）。

二、有相對人的意思表示

有相對人的意思表示的生效時期，因其為對話或非對話的意思表示而有不同。

㈠對話的意思表示

民法第 94 條規定：「對話人為意思表示者，其意思表示，以相對人了解時，發生效力。」本條採了解主義。對話人間得直接表達意思、溝通意見，故宜於相對人了解意思表示時，發生效力。「對話」的重點不在以「說話」的方式當面溝通，即使不是面對面，而以電話、網路即時通、手機簡訊或其他方式直接表達意思及溝通意見的情形，也都是對話。相對人是否了解，應依通常情形為合理的解釋。依通常情形相對人可了解，但其故意阻礙了解（以手掩耳）或表示不了解者，宜認為已經了解。反之，對生理上有客觀障礙的重聽或聾啞人為意思表示，或對外語能力不足者以外語表示，則不能認為已經了解。相對人是否了解，可參酌相對人的反應動作或表示行為，加以衡量判斷。

㈡非對話人間的意思表示

表意人的意思表示如有相對人，但彼此並非進行對話的意思表示，其意思表示從發出之後，通常需要一些時間始能達到相對人的接觸範圍。此種表示，係表意人向無法直接通知之相對人所為，並須經過傳達媒介始能與相對人溝通意見，故應於何時發生效力，頗有疑問。對此，立法例上有表意主義、發信主義、受信主義、了解主義四種：⑴表意主義，又稱為表示主義，認為於表意人完成其表示行為，如函件已寫妥時，即發生效力。⑵發信主義，認為於意思表示離開表意人，如函件已付郵時，發生效力。

⑶受信主義，又稱為達到主義，認為於意思表示到達相對人的支配範圍，如函件已送達相對人時，發生效力。⑷了解主義，認為於意思表示為相對人所了解，如相對人已閱讀函件時，發生效力。

以上四種主義中，第⑴⑵兩種主義均使意思表示在相對人無法掌握其內容之前，即已生效，並可能因此計入相對人可得回應的時間，對相對人難免失之過嚴；第⑷種主義使意思表示的生效與否，取決於不易確定的相對人之是否了解，對表意人並不公平，也非妥適。相對而言，第⑶的受信主義或達到主義似較公平合理。我國民法第 95 條第 1 項規定：「非對話而為意思表示者，意思表示以通知達到相對人時，發生效力」，也是採上述受信主義或達到主義。

民法第 95 條第 1 項關於意思表示生效時期的規定，通常與以該意思表示為基礎的期間的起算時期相同，但法律有時也有不同的規定。例如民法第 51 條第 4 項規定：「總會之召集，除章程另有規定外，應於三十日前對各社員發出通知」，其中三十日期間的計算是從通知「發出」時，而不是通知「達到」起算。如果認為民法第 51 條第 4 項係規定意思表示在發出通知時即已生效，似可認為係例外採發信主義的規定；其他如公司法第 172 條有關股東常會之召集通知，保險法第 82 條第 3 項有關保險人終止契約的通知，人民團體法第 26 條有關人民團體會員（會員代表）大會的召集通知，也都有類似的設計。❹

1.通知的「達到」

通知達到後，意思表示即發生效力，表意人亦受其拘束，不能再任意改變意思，以影響法律行為的效力。但如表意人及早改變心意，為保障其表意自由，亦無強予阻止之理，所以民法第 95 條第 1 項但書乃規定：「撤回之通知，同時或先時到達者，不在此限」。依此規定，如表意人於寄出普通信件後，以快遞郵件、E-mail、傳真或其他快捷的方式，撤回原來的意思表示，只要撤回的意思表示到達在先或同時到達，均得阻止其原來的意思表示發生效力。

---

❹ 請參閱最高法院 87 年臺上字第 1776 號判決。

　　意思表示的生效採達到主義,其基本前提是認為相對人於通知達到後,即可對於意思表示的內容掌握及了解為前提,故以相對人有受領意思表示的能力為必要。如表意人係直接向無受領能力人為意思表示,由於該意思表示無法被正確了解,即使已經到達,亦不能因此而發生效力。民法第96條為此規定:「向無行為能力人或限制行為能力人為意思表示者,以其通知到達法定代理人時,發生效力。」依本條意旨,無行為能力人及限制行為能力人均無受領意思表示的能力,表意人的相對人應有完全的行為能力,始有受領意思表示的能力。❺至於限制行為能力人得獨立為有效的法律行為,解釋上應認為限制行為能力人就該行為,自己已有受領意思表示的能力,故意思表示於到達限制行為能力人時,即發生效力。

　　通知的達到相對人與否,乃是意思表示是否生效的標準(民95 I),故關於通知的「達到」的定義及標準,將直接影響個案之中意思表示的效力。最高法院對此也曾數度表示見解,成為實務上的重要判斷標準。例如54年臺上字第952號判例謂:「所謂達到,係僅使相對人已居可了解之地位即為已足,並非須使相對人取得占有,故通知已送達於相對人之居住所或營業所者,即為達到,不必交付相對人本人或其代理人,亦不問相對人之閱讀與否,該通知即可發生為意思表示之效力。」❻58年臺上字第715號判例再補充謂:「所謂達到,係指意思表示達到相對人之支配範圍,置於相對人隨時可了解其內容之客觀的狀態而言」。❼

　　2.表意人通知之「發出」

　　非對話的意思表示,從表意人發出通知,到通知達到相對人,即意思

---

❺　依同一原理,如表意人向無行為能力人或限制行為能力人,對話為意思表示,亦應解為無行為能力人或限制行為能力人無了解其意思表示之能力,故該意思表示應以其法定代理人了解時,發生效力。

❻　相同意旨之裁判包括:75年臺抗字第255號裁定、86年臺抗字第628號裁定、86年臺抗字第34號裁定。

❼　58年臺上字第715號判例就該個案的通知是否已達到,謂:「被上訴人租用之信箱,經常係由該王金水開啟,從而郵局將上訴人之催告書逕行交付該王金水,亦難謂為並未達到。」

表示生效之間，通常間隔一段時間，如表意人在此期間內，不幸死亡或喪失其得獨立為法律行為的行為能力，究應如何決定該意思表示之效力，實有疑問。民法第 95 條第 2 項規定：「表意人於發出通知後死亡或喪失行為能力，或其行為能力受限制者，其意思表示，不因之失其效力」，換言之，作為法律行為或意思表示的生效要件的行為能力，係以意思表示成立或表意時為準，而非以意思表示生效或通知達到時為準，故只要表意人於發出通知時有行為能力，其意思表示即可獨立生效，即使其於通知達到相對人時，已死亡或成為無行為能力人或限制行為能力人，均屬無妨。

如表意人於發出通知後死亡，表意人的生前的所有權利義務，包含其尚未生效之意思表示的法律效果在內，均由其繼承人繼承，在通知達到後即由繼承人享受及負擔表意人之權利義務。如表意人於發出通知後，因受監護之宣告而喪失行為能力（民 15），或未達法定結婚年齡而結婚之未成年人（民 13 III），其婚姻嗣後被依法撤銷，因而回復限制行為能力人之地位，或未成年人於獲得獨立營業之允許後，法定代理人再撤銷或限制其允許者（民 85 II），其意思表示仍於通知達到相對人時生效，該未成年人仍為表意人，仍然享受及負擔該意思表示之權利義務，如該表意人應進而為法律行為時，則由其法定代理人依代理的原則處理之，該意思表示的生效及效力，均不受影響。

表意人經表意後，如又將表意撤回時，此時即有二個意思表示，即先前的意思表示及撤回的意思表示，並均以其通知達到相對人時生效。如先前發出的意思表示先於撤回的意思表示達到相對人，在撤回之通知未達到以前，先前發出的意思表示之效力，當然存在，必俟撤回之通知到達後，始必須考慮先前的表意是否被撤回或失其效力的問題；若撤回之通知，與表意之通知，同時或先時達到於相對人，始能考慮撤回的意思表示的生效，是否阻止先前的意思表示生效的問題。本條第 1 項規定，先前的意思表示於此種情形當然不生效力。

此外，表意人於發出通知後，死亡或失其行為能力（如受監護之宣告）或其行為能力受限制（例如第 85 條第 2 項情形或受輔助之宣告），如以意

思表示通知達到相對人時為準，要求表意人應具有權利能力及行為能力，似應認為該意思表示無效，但因表意人的權利能力及行為能力，應以意思表示發出時為準，較為妥當，且相對人可能不知表意人之死亡、失其行為能力或其能力受限制，並因而於意思表示達到之後為種種行為，此時如使其意思表示無效，易使相對人蒙受不測之損害，故本條第 2 項乃規定「其意思表示，不因之失其效力。」換言之，意思表示之是否因表意人欠缺行為能力，而不生效力之問題，其判斷應以表意人發出通知時為準，如表意人之行為能力於當時並無欠缺，即使其後因故而有所欠缺，其意思表示亦不因此而受影響。

3.公示送達

表意人對於非對話人的意思表示，在發出通知後仍無法生效，必須其通知達到相對人之後，始生效力，故如其通知無法達到相對人，其意思表示即無法生效。在上述情形中，如坐令意思表示不能生效，對表意人似非公平，但如在意思表示的通知未達到相對人時，即認定意思表示已經生效，對於相對人利益的保護，亦屬欠當。故究應如何決定意思表示之生效與否，並妥適分配當事人的風險，實為問題。

民法第 97 條規定：「表意人非因自己之過失，不知相對人之姓名、居所者，得依民事訴訟法公示送達之規定，以公示送達為意思表示之通知。」本條主要係對無從為通知的意思表示，在表意人無過失的情形下，使表意人得以公示送達為意思表示之通知方法。故本條所謂「居所」，在解釋上應包括住所在內。❽ 在此種情形下，表意人得依民事訴訟法第 149 條以下各條規定，聲請法院依公示送達程序辦理。公示送達與表意人的通知本非相同，但卻有同一效力。

三、電子文件的意思表示

近年來由於電子通訊的設備與技術發達，以電子通訊方式為意思表示的情形，已經相當普遍。其中有些部分，只是傳統通訊方法的改良，例如

---

❽　施啟揚，《民法總則》，自版，2005 年 6 月 6 版，頁 227。

以固定式電話、行動電話（手機）或網路電話通訊而為意思表示者，仍可適用傳統的對話而為意思表示的規定。但以電子文件為意思表示者，與現行民法規定以文字、字據或書面為意思表示的情形，由於在形式及實質上均有不同之處，在適用上乃至少發生下列疑問：(1)電子文件得否為意思表示的方式？(2)電子文件是否為字據或書面？如何於電子文件上簽名？(3)以電子文件為意思表示者，如何區別其為對話或非對話之意思表示？(4)以電子文件為意思表示者，應如何判斷其意思通知的發出時及到達時？

對於上述問題，我國民法並未增訂相關規定，但民國 90 年 11 月 14 日制定公布的電子簽章法，就上述問題均有明文規定。例如電子簽章法第 2 條第 1 款規定「電子文件」為新興的意思表示方法，其內容是指：「文字、聲音、圖片、影像、符號或其他資料，以電子或其他以人之知覺無法直接認識之方式，所製成足以表示其用意之紀錄，而供電子處理之用者。」此種意思表示，因無法以相對人之知覺直接予以認識，亦無法以自然的方式察覺其達到，如承認其為對當事人具有拘束力的意思表示，並完全適用傳統意思表示的規定，對於相對人或受話人可能發生不利影響。故同法第 4 條第 1 項乃規定：「經相對人同意者，得以電子文件為表示方法。」

法律行為依法令規定應以書面為之者，或依當事人約定應以書面或字據為之者，如有電子文件為憑，關於法院得否認定其已具備書面要件的問題❾，電子簽章法第 4 條第 2 項採相對性的標準，規定「如其內容可完整呈現，並可於日後取出供查驗者，經相對人同意，得以電子文件為之。」同法第 6 條第 1 項亦規定：「文書依法令之規定應以書面保存者，如其內容可完整呈現，並可於日後取出供查驗者，得以電子文件為之。」至於簽名或蓋章的方法，同法第 9 條第 1 項規定：「依法令規定應簽名或蓋章者，經相對

---

❾　電子文件和「文書」的關係，請參閱電子簽章法第 5 條：「依法令規定應提出文書原本或正本者，如文書係以電子文件形式作成，其內容可完整呈現，並可於日後取出供查驗者，得以電子文件為之。但應核對筆跡、印跡或其他為辨識文書真偽之必要或法令另有規定者，不在此限。前項所稱內容可完整呈現，不含以電子方式發送、收受、儲存及顯示作業附加之資料訊息。」

人同意，得以電子簽章為之。」❿

　　以電子文件為意思表示者，亦有其意思表示於何時生效之問題，在無特別規定的情形下，仍應分別就其為對話人或非對話人間之意思表示，而以相對人了解或通知達到相對人時，作為該意思表示生效之時點。在以電子文件為意思表示時，當事人亦得為「對話」的意思表示，但其「對話」的方式可能不是傳統的聲音、手勢或表情，而是在電腦的螢幕上所顯示的文字或圖像，只要雙方同時都在網路或線上，而能立即使用螢幕上的顯示或訊號直接交換意思（例如網路即時通、MSN 或其他即時互動軟體等），即使當事人始終未出聲，仍屬於「對話」的意思表示。但如當事人係以留言或電子郵件的方式發出訊息，由於相對人並非立即接收意思並交換意思，仍應認為是「非對話」方式的意思表示。

　　傳統意思表示通知之發出與到達，係直接以表示之意思脫離表意人的掌握，及進入相對人或受話人的支配範圍為準，在以電子文件為意思表示時，表意人的發出通知及相對人的支配其意思內容，均係透過電腦設備及資訊系統為之，究應以何時為準，實有疑問。電子簽章法第 7 條第 1 項本文規定：「電子文件以其進入發文者無法控制資訊系統之時間為發文時間。」換言之，電子文件的表意人的發出通知，是指將電子文件送入網際網路之中，只要其進入表意人無法控制的資訊系統，即為發出。

　　關於通知的達到相對人，同條第 2 項本文規定：「電子文件以下列時間為其收文時間：一、如收文者已指定收受電子文件之資訊系統者，以電子文件進入該資訊系統之時間為收文時間；電子文件如送至非收文者指定之資訊系統者，以收文者取出電子文件之時間為收文時間；電子文件如送至非收文者指定之資訊系統者，以收文者取出電子文件之時間為收文時間。二、收文者未指定收受電子文件之資訊系統者，以電子文件進入收文者資

---

❿　同法第 4 條第 3 項、第 6 條第 3 項及第 9 條第 2 項就以電子文件為書面的規定，均設有排除其適用的下列規定：「得依法令或行政機關之公告，排除其適用或就其應用技術與程序另為規定。但就應用技術與程序所為之規定，應公平、合理，並不得為無正當理由之差別待遇。」

訊系統之時間為收文時間。」❶根據此項規定，以電子文件為非對話意思表示者，原則上以相對人的資訊系統為其支配意思表示的工具，故只要電子文件進入其資訊系統，即已達到相對人，但如表意人雖已發出，但未將電子文件送至相對人所指定之資訊系統時，仍不得認為其已到達，必須相對人取出該電子文件，始可認其已達到相對人。

　　電子文件在網際網路中的傳送速度甚快，如以電子文件進入特定的資訊系統，為表意人意思通知的達到相對人，其意思表示從表意人發出，到其到達相對人之間，為時甚短，致使區別「發信主義」和「到達主義」的基礎，流失甚多，在採取到達主義的情形下，我國民法假設意思表示的發出和到達之間，有一定時間的空檔的若干規定，尤其是以意思表示發出後、到達前，仍有足夠的時間，以容納另一個意思表示的到達為前提的若干規定，例如第 95 條第 1 項但書，第 159 條及第 162 條等，實際上已無法適用於以電子文件所為之意思表示。

第三節　意思表示的瑕疵

一、基本概念

　　意思表示的生效，主要是使表意人「說話算話」，即受其意思表示拘束，而不得反悔，或亦藉故否認其意思表示的效力。法律之所以課予表意人「說話算話」的義務或要求表意人「重然諾」，主要是藉此使表意人謹言慎思，在藉其法律行為獲取利益的同時，也認識其可能因為法律行為而承擔義務的風險。故在私法自治的原則下，表意人的意思表示的法律效力，基本上乃是表意人所預期的法律效力，其效力的根源是表意人內心的效果意思與外部的表示行為一致，即其所表示的意思皆為「心口一致」的「肺腑之言」，

---

❶　本條第 1 項及第 2 項均有下列但書之規定：「但當事人另有約定或行政機關另有公告者，從其約定或公告。」

而無「言不由衷」的情形。

(一)立法政策的考量

對於表意人的意思表示，我國民法以其達到相對人或被相對人了解而生效，可見一旦相對人已接收或了解表意人的意思表示，表意人原則上即受該意思表示的拘束，符合「一言既出，駟馬難追」的古諺。不過，如表意人透過其表示行為所表示的意思，與其內心的效果意思，因某種原因不相一致，究竟是否應使其生效，即有問題。此等意思表示，稱為有瑕疵的意思表示，其法律行為或意思表示的效力，有必要依其瑕疵的性質，分別予以規定。使表意人內心的意思與表示的意思不一致的瑕疵或原因，有出於表意人的自由意思或因不知而發生者，也有因受不當影響而為不一致的表示者。前者包含心中保留、通謀的虛偽表示、錯誤及誤傳等，後者主要是被詐欺及脅迫。

表意人內心的意思與表示的意思不一致時，關於其意思表示的效果應如何認定的問題，在立法論上主要有下列三種見解：

1.意思主義

本說認為根據私法自治的原則，法律之所以賦予意思表示一定的效力，其主要基礎乃是表意人內心的效果意思（真意），故如表意人並無真正的效果意思，其對外所為的意思表示，即應歸於無效，以保護欠缺真意的表意人。

2.表示主義

本說認為表意人內心究竟有無真意，外人實無從正確判斷，如因表意人欠缺其內心的效果意思，即否認其意思表示的效力，使其不受已對外表示的意思的拘束，對於相對人並不公平，故意思表示的效力應以外部行為或對外表示的意思為準，強調法律行為或意思表示的客觀價值，以保護交易安全。

3.折衷主義

本說認意思表示效力的決定，應兼顧表意人內心的效果意思（真意）及其對外表示的意思，不能專採意思主義或專採表示主義，以平衡私法自

治中的表意自由及交易安全。在折衷主義中，有以意思主義為原則，表示主義為例外者，也有以表示主義為原則，以意思主義為例外者。目前各國立法例多採折衷主義。

㈡身分行為的瑕疵

民法總則編關於意思表示的瑕疵的規定，例如錯誤、被詐欺或脅迫的規定，主要係就財產行為而規定。對於純粹的身分行為，即直接以發生或喪失親屬的身分關係為目的之行為，例如訂婚、結婚、離婚、收養、非婚生子女之認領等行為，在此等行為的行為人的意思表示有瑕疵時，我國法律並未設有原則性的規定，得否適用總則編的相關規定，在解釋上有不同見解。❷

純粹的身分行為一方面必須特別尊重當事人的意思，另一方面亦應重視濃厚的倫理色彩以及由身分行為所發生的既存事實，所以在意思表示有瑕疵時，即使與民法總則編同樣規定得撤銷之，但其撤銷的要件、方式及效力仍不相同。例如第 996 條規定：「當事人之一方，於結婚時係在無意識或精神錯亂中者，得於常態回復後六個月內向法院請求撤銷之。」第 997 條規定：「因被詐欺或被脅迫而結婚者，得於發見詐欺或脅迫終止後，六個月內向法院請求撤銷之。」此二條文規定的撤銷，並非由當事人以意思表示為之，而應向法院請求撤銷之，且期間只有六個月，均與總則編的規定不同。此外，第 998 條規定：「結婚撤銷之效力，不溯及既往」，也與第 114 條規定的「視為自始無效」不同。故除上述結婚的情形外，其他純粹的身分行為有錯誤、被詐欺或脅迫等瑕疵時，其表意人不得直接依民法總則編的規定，逕以意思表示撤銷，使其自始歸於無效，而宜類推適用第 997 條、第 998 條規定向法院請求撤銷之。

至於非純粹的身分行為或身分上的財產行為，例如請求扶養、請求訂

---

❷ 關於非婚生子女之認領，民法未規定其撤銷之要件，但第 1070 條規定：「生父認領非婚生子女後，不得撤銷其認領」，似認為認領應適用一般法律行為撤銷之規定。

立夫妻財產制契約等行為，因其本質與一般財產行為並無不同，如意思表示有瑕疵時，表意人應得依民法總則編各條規定撤銷之。

二、虛偽表示

虛偽表示，依其僅為表意人片面所為或係與相對人通謀所為，可分為單獨的虛偽表示與通謀的虛偽表示。前者又稱為表意人的真意保留或心中保留，後者常簡稱為虛偽表示。

㈠表意人的真意保留

1.真意保留的概念

表意人的真意保留又稱為心中保留，乃是片面或單方的虛偽表示。例如表意人在其母親病危之時，違反自己內心之真意，而表示願將自己所有的財產的二分之一，無償分給兄長，或表意人於友人稱讚其新購的腳踏車時，開玩笑地說：「這不是精品，如果你喜歡，就送給你！」此等意思表示的特點，是表意人雖有對外的意思表示行為，但內心卻不認為應該發生法律效力，也不準備履行因此所發生的義務。民法第86條本文將此等意思表示，稱為「表意人無欲為其意思表示所拘束之意，而為意思表示」，主要是指表意人雖已對外為意思表示，但在其為表示行為時，欠缺「欲為其意思表示所拘束」的效果意思，並在明知欠缺效果意思，並將真意保留於內心的情形下，故意對外表示與內心真意不同的虛偽意思。

本條規定的前提，是保留真意的表意人既未表示其真意，也未表示其不受所表示的意思拘束的意思，而意思表示的相對人也不一定了解其真意，故表意人所欲發生的法律效果，可能和相對人所判斷及期待其將發生的法律效果，彼此不一致。相對於此種情形，民法第154條規定：「契約之要約人，因要約而受拘束。但要約當時預先聲明不受拘束，或依其情形或事件之性質，可認當事人無受其拘束之意思者，不在此限。」該條但書所規定的情形，是表意人已表示「不受其意思（要約）拘束」之意思，故應尊重其後一意思，使其前一意思不具拘束力，其與本條所規定的情形，即只是表

意人片面保留內心的真意,而未表示「不受其意思拘束」之意思的情形,並不相同。本條適用於表意人保留真意的所有情形,故無論其保留真意的動機係礙於情面、出於玩笑或有其他因素,均不影響本條的適用。

表意人是否保留真意,乃是其內心的主觀狀態,很難由外在的事實明確予以認定。對此,司法實務上通常係以客觀的表示行為,作為主要的認定依據,即使認定表意人確實保留真意,亦得依民法第 86 條之規定,認定其意思表示仍為有效。例如表意人甲與相對人乙訂立租約,並親自蓋章,事後甲以區公所令其蓋章,其本人實無出租之真意為理由,主張租約不生效力的情形,❸或如保證契約所載之保證人丙,主張其「表面上答應,但未真正允諾為保證人」,只是對其兒子(主債務人)虛應故事,並未為同意蓋用其印章於保證契約,該保證契約應不生效力的情形,❹法院均無須以表意人的主張,作為其有無真意的唯一判斷依據;法院此時得就其訂約時的各種客觀情事,綜合判斷表意人究竟有無保留真意,縱令法院認定表意人並無欲為其意思表示所拘束之真意,法院亦得認定其意思表示依民法第 86 條之規定,仍為有效。

2.真意保留的效力

表意人如保留其真意,立法上究竟應尊重其真意,而否認其意思表示的效力,或以相對人所受領的意思為準,以保護交易安全,實為問題。民法第 86 條對此規定:「表意人無欲為其意思表示所拘束之意,而為意思表示者,其意思表示,不因之無效。但其情形為相對人所明知者,不在此限。」本條本文乃在宣示表意人片面保留其真意的意思表示,雖是欠缺效果意思的意思表示,原則上仍在相對人了解或其通知達到相對人時生效。但書是以相對人明知為條件,而規定表意人保留真意的意思表示,因欠缺效果意思而無效。可見本文的規定意旨,是以相對人無法探究表意人是否出於效果意思而為意思表示,即使該意思表示確實欠缺效果意思,亦應使表意人承擔其意思表示生效的風險,以保護相對人信其意思表示係出於真意,即

---

❸ 參照最高法院 39 年臺上字第 581 號判決。

❹ 參照最高法院 69 年臺上字第 3714 號判決。

「信以為真」的信賴，並維持交易安全；但書是因相對人既已明知該意思表示非出於真意所為，即應由其承擔意思表示不能生效的風險，並無須保護其「信以為真」的信賴，故乃規定其意思表示應歸於無效。

從形式上來看，本條本文是以表示行為及已對外表示的意思為準，認定意思表示為有效，使公眾（在無相對人的意思表示時）及善意的相對人得以信賴表示行為的效力，是屬於表示主義的立法，但書則是強調表意人的保留真意，使其意思表示歸於無效，乃是意思主義的立法。綜合本文及但書規定，則可認定本條為折衷主義的立法。

本條但書所謂「明知」，係指相對人確實知悉表意人保留真意而言，不包括「可得而知」，即應知而因過失而未知悉的情形在內。此一規定適用於契約並無問題，但就無相對人的單獨行為及共同行為而言，因其一經表示後，不待他人之受領或了解，即發生效力，故無本條但書的適用。至於相對人是否明知，應斟酌具體個案中當事人之習慣、地位、雙方關係、當時氣氛等因素，個別認定之。例如某雜貨店老板對於老顧客，常常邊收錢邊開玩笑地說：「沒錢就不必付款」，應認為老板此一「贈與」的意思表示，並非出於真意，且其情形為相對人所明知，故不能當真；反之，如僱用人向受僱人假裝正經（其實是開玩笑）地說要加薪一千元，或老師向清寒家庭的學生表示免除其代墊的一萬元餐費的債務，卻保留其不願加薪或免除債務的真意，通常不能期待相對人知悉表意人所保留的真意，而應如「君無戲言」的古諺，使表意人受其意思之拘束。

表意人保留真意所為的意思表示，如依本條但書歸於無效，本條未規定其能否以其無效對抗善意第三人。由本條本文保護相對人的信賴及交易安全的角度觀之，在第三人不知表意人的意思表示無效，而與相對人為法律行為時，仍應保護善意第三人的信賴，故似宜類推適用第 87 條第 1 項但書之規定，限制無效的效力，使其無效不得對抗善意第三人。

(二)通謀虛偽表示

1.通謀虛偽表示的概念

　　通謀虛偽表示是指表意人保留其真意而為意思表示，相對人亦保留真意而為意思表示，雙方均無受其意思表示拘束之意，卻相約為言不由衷的虛偽表示，雙方均明知對方的真意和所表示的意思不同，也都同意對方所為的意思表示無效，但仍為其他目的，彼此掩飾真意而互為虛偽的意思表示，創造出在表面上可以蒙蔽第三人的意思表示外觀。民法第 87 條第 1 項將此種意思表示，規定為「表意人與相對人通謀而為虛偽意思表示」，通常將其稱為通謀虛偽表示，也簡稱為虛偽表示。

　　通謀虛偽表示通常是基於不良動機，最常見的是一般所稱的「脫產行為」，即債務人為逃避債權人的追討或對財產為強制執行，而與親友通謀，新增其他假債權以稀釋債權人受清償的比例，或虛偽讓與財產給他人，以隱匿財產，使債權人無法追償。例如甲有一棟房屋，為避免債權人丙請求法院對該屋強制執行，乃串通乙互為「假買賣」的意思表示，而將該屋以買賣的名義移轉登記在乙的名下，此時甲、乙並無成立買賣契約及移轉該屋所有權的意思，卻互為與真意不同的虛偽表示，即一般所稱的「假買賣」。

　　本條規定的通謀虛偽表示，除表意人與相對人均為虛偽表示之外，尚須有雙方之間的通謀。通謀是指表意人與相對人間的意思聯絡而言，故在無相對人的單獨行為，例如訂立遺囑或拋棄權利等，均無成立通謀虛偽表示的可能。其他有相對人的法律行為，無論其為單獨行為、契約（雙方行為）或共同行為（合同行為），均可能發生通謀虛偽表示的情況，亦均有本條的適用。❶❺因此，除常見的「假買賣、真脫產」之外，當事人如通謀為虛偽的共同出資行為、假決議、虛偽的共同設立社團的行為，以避免財產被扣押時，亦均屬於本條的通謀虛偽表示。

　　所謂通謀，不僅雙方當事人皆欠缺內心的效果意思（非真意），且表意人此項非真意的意思表示為對方所「明知」，並進一步相互故意為非真意的「合意」表示，始構成通謀虛偽表示。在 62 年臺上字第 316 號判例中，最高法院指出：「所謂通謀虛偽意思表示，乃指表意人與相對人相互故意為非真意之表示而言，故相對人不僅須知表意人非真意，並須就表意人非真意

───────────

❶❺　參照最高法院 57 年臺上字第 2557 號判例。

之表示相與為非真意之合意，始為相當。若僅一方無欲為其意思表示所拘束之意，而表示與真意不符之意思者，尚不能指為通謀而為虛偽意思表示。」

2.通謀虛偽表示的效力

(1)在當事人間的效力

通謀虛偽表示在當事人之間，因表意人皆欠缺真意且出於不良動機，雙方亦均明知相對人之意思表示為虛偽，並無信以為真而須特別予以保護的情形，故並無使其發生效力之必要。第 87 條第 1 項亦因此規定：「其意思表示無效」。通謀虛偽的意思表示的無效，在當事人之間係確定的無效，任何第三人亦均得主張其為無效。例如債務人甲為避免房屋被債權人聲請法院強制執行，與乙約定作成假買賣或為假債權設定抵押權，並辦理所有權的移轉登記或抵押權的設定登記，由於通謀虛偽表示無效，其登記即有無效的原因，故甲或其債權人均得請求乙塗銷其登記❶，債權人並得對該房屋聲請強制執行。又如丙為避免其所收藏的名畫被債權人聲請法院強制執行，乃與丁成立假買賣，並將名畫移入丁的畫廊，此時丙、丁之間關於買賣契約及移轉名畫所有權的意思表示，均係通謀之虛偽表示，皆屬無效，故丙或其債權人均得主張該名畫仍為丙所有，從而請求返還或聲請對其強制執行。❶

(2)對於第三人的效力

通謀虛偽表示之無效，對於表意人及相對人，均無信賴保護的問題，但如當事人擬向第三人主張其意思表示無效，該第三人如不知當事人通謀虛偽表示之情事，卻使其承擔通謀虛偽表示無效的風險，即非妥適，故第

---

❶　請參閱最高法院 73 年臺抗字第 472 號裁定、最高法院 67 年度第 5 次民事庭庭長推總會議決議(二)。

❶　如認為當事人通謀而為虛偽意思表示者，僅限於成立買賣契約之債權行為的意思表示，而不及於移轉所有權的意思表示時，如將物權行為解為無因行為時，雙方應依不當得利的規定，負返還所受利益的責任，如將物權行為解為有因行為，則所有人得依所有物返還請求權請求返還。但如買受人已將標的物讓與給第三人，則應注意民法第 801、948 條等關於動產善意受讓的規定，及土地法第 43 條關於登記的絕對效力的規定。

87 條第 1 項但書規定：「不得以其無效，對抗善意第三人」。所謂第三人，是指雙方當事人（表意人及相對人）以及其概括繼受人以外的第三人；所謂善意，是指對於表意人與相對人通謀的事實，並無所悉或不知的狀態；所謂不能對抗，是指當事人如對於善意第三人主張其意思表示或法律行為無效，而該意思表示或法律行為有效對於善意第三人較有利時，善意第三人得對於當事人主張該行為有效，此時並應承認善意第三人主張該行為有效的利益，應優先於當事人的利益而受保護。

　　例如甲為避免債權人強制執行，將其珠寶寄放在乙銀樓，雙方卻訂定虛偽的買賣契約，甲乙間的買賣契約因屬通謀虛偽表示而無效，甲如向乙請求返還珠寶，乙不得拒絕。但如乙已將該珠寶轉賣給善意的丙顧客並交付，甲知情後，向丙說明甲乙通謀虛偽表示的情事，並主張珠寶的所有權仍歸屬於甲，且請求返還珠寶時，丙得拒絕之。丙拒絕的法理上根據，是甲不能將其與乙通謀虛偽表示的風險，轉嫁給丙承擔，也不能主張自己所為的不法行為，而尋求法律的保護返還珠寶；至於現行法上的根據，則是該意思表示的無效「不能對抗甲」，即甲雖得主張其通謀虛偽表示無效，但當其無效與善意第三人丙的利益衝突時，丙即不受其無效之拘束，而得依其有效的假設狀態，主張其權利。故丙對甲的主張，得衡酌甲乙間的法律行為有效或無效對其較有利益，而根據其中較有利者提出自己的主張。

　　當事人不得以通謀虛偽表示的無效，對抗善意第三人的規定，在法律效果上偏重在消極的防衛，善意第三人如符合其他善意受讓或善意取得的規定的要件（如民法第 948、801、886、759-1 條及土地法第 43 條），尚得積極取得權利。例如在上例中，丙除得拒絕甲返還珠寶的請求之外，並得依民法第 948、801 條的規定，取得該珠寶的所有權。又如甲為避免其債權人對其財產強制執行而受清償，與乙通謀成立乙的假債權或將土地虛偽設定地上權給乙的情形，甲對乙固然得主張其債權或地上權無效，甲的債權人也得為相同的主張，但如乙已將該債權設定債權質權給善意的丙，或已將該地上權設定抵押權給善意的丙時，在丙向甲主張該債權的效力時，甲即不得以其債權或地上權無效，與丙對抗。

在上述情形中，甲（表意人）和乙（相對人）應共同承擔通謀虛偽表示無效的風險，故雙方均應回復通謀虛偽表示以前的原狀。如乙與丙（善意第三人）再為法律行為，由於丙受法律規定的保護，使甲無法回復法律關係的原狀，而受有損害，在丙不承擔表意人不能回復原狀的風險的設計下，乙即應承擔其全部風險。故甲就其所受之損害，得依侵權行為的規定，向乙請求賠償。

㈢隱藏行為

通謀虛偽表示由於欠缺真意，對於表意人、相對人及其共同要欺騙而使其不利的第三人，均屬無效，但也有並非出於要使第三人不利的不良動機，而只是表意人與相對人間因礙於情面或其他原因，所為的通謀虛偽意思表示。此種意思表示，就其已表示的意思而言，固然非出於真意，而應屬無效，但表意人和相對人通常也都在內心，有意地隱藏欲為他項法律行為的意思，此種真正的效果意思，雙方都只是「心照不宣」，對於此種欠缺對外表示行為的意思表示，一般稱為隱藏行為。例如甲、乙同屬一社團之成員，甲擬將 A 畫贈與給乙，但為免其他社員議論或要求甲比照贈畫，乃對外宣稱乙以 10 萬元購買 A 畫，並依買賣契約之形式交付。此種情形，即是以買賣契約之外衣，包藏贈與契約的實質內容，就買賣契約而言，乃是通謀虛偽表示，就贈與契約而言，則是雙方心照不宣的隱藏行為。

當事人在通謀虛偽意思表示之外，如尚有隱藏在當事人間已成立之真正法律行為，該通謀虛偽表示對第三人亦屬無效，但善意第三人仍受本條第 1 項但書之保護。就當事人所隱藏的真正的法律行為而言，第三人被通謀虛偽表示所蒙蔽，無法知悉當事人所隱藏之法律行為，但當事人對其所隱藏之法律行為，不但均已明知，且雙方同意以另一個無效的通謀虛偽意思表示為障眼法，自不應因其隱藏未顯而認定為無效。故民法第 87 條第 2 項乃規定：「虛偽意思表示，隱藏他項法律行為者，適用關於該項法律行為之規定」。

隱藏行為依前述規定，並非當然有效，而應依關於該項法律行為之成

立要件及生效要件之規定，認定其是否有效成立。例如被繼承人隱藏贈與的意思，而以買賣方式將土地交付給繼承人，但未辦理所有權移轉登記時，其買賣行為因通謀虛偽表示而歸於無效，其所隱藏的真正贈與行為，亦應於具備成立要件及生效要件時，始生效力。倘隱藏行為為非要式行為，即較容易成立，如係要式行為，不論其為法定或約定要式行為，均應依該項法律行為的規定，判斷其行為的效力。例如甲、乙隱藏就 A 地成立為期十年的租賃契約之意思，通謀虛偽表示願成立買賣契約，其買賣契約固然無效，該不動產之租賃契約因期限逾一年，依民法第 422 條規定，應以字據訂立之，未以字據訂立者，視為不定期限之租賃。

　　隱藏行為如依該項法律行為之規定，已有效成立，即應依其規定決定其效力。❶❽但由於當事人關於該法律行為的意思表示均密而未宣，第三人對於當事人間的合意並無所悉，對於第三人應否生效，仍有疑問。最高法院 50 年臺上字第 2675 號判例認為：「其所隱藏之行為，當無及於他人之效力。」此項見解尚有值得商榷之處，因為所隱藏之行為如為債權行為，固然僅具有得對抗相對人的效力，但如為物權行為，似亦應具有對抗第三人的效力。❶❾

---

❶❽ 例如隱藏的贈與契約有效成立，依第 408 條第 1 項前段規定，贈與物之權利未移轉前，贈與人得撤銷其贈與。

❶❾ 本判例所涉及的事實，是甲擬向乙借款，但因已超越甲個人之可貸額度，乃由丙和乙簽訂借貸契約，再由乙備款給甲。乍看之下，似係甲、乙隱藏該借款之事實，而由丙和乙通謀為借款之虛偽表示，最高法院亦因此認為：「其（甲、乙）所隱藏之行為，當無及於他人（丙）之效力」。惟通謀虛偽意思表示及隱藏之他項法律行為，其當事人應完全相同，始有民法第 87 條第 2 項之適用，本件涉及甲乙、乙丙之間二個獨立的法律行為，應無該條項之適用。最高法院前揭見解討論的對象，是甲、乙間之借貸契約，即使有效，當然亦僅具有對抗相對人的效力，乙不得請求第三人丙履行該債務。故最高法院認為本件應適用該條項，顯有不當，其認為隱藏行為均無對抗第三人之效力，亦非妥適。

三、錯誤與誤傳

(一)錯誤的概念

意思表示的錯誤，通常是指表意人在無意之間，表示了與原來想要表示的內容不同的意思。例如甲有 A 地和 B 地，B 地價值為 A 地的價值的 2 倍，甲想要以 1000 萬元出售 A 地給乙，卻向乙表示願意以 1000 萬元出售 B 地給乙，乙見機不可失，立即表示願意接受要約，承諾以 1000 萬元購買 B 地。如甲對自己的粗心懊悔不已，擬尋求可以不出售 B 地之道時，即可考慮主張其意思表示錯誤。但法律上對於何謂意思表示錯誤，可能有不同於一般觀念的界定，其在法律上所發生的效果也是立法政策決定的問題，故甲的主張仍須回歸法律的規定。

表意人的意思表示錯誤和虛偽表示不同。虛偽表示是表意人「故意」隱瞞內心的真意，而為不實或違反真意的意思表示；意思表示錯誤則是表意人「非故意」，或因對於法律行為欠缺認識或認識不正確等偶然的因素，致使其內心的效果意思與對外所表示的意思的內容不一致。故在前例中，如甲無意出售 B 地，卻故意表示願意與乙成立 B 地的買賣契約，即為虛偽意思表示，如甲在表示時，疏未注意而誤將 A 地表示為 B 地，或將 1000 萬元誤寫為 100 萬元，則為意思表示之錯誤。

在意思表示的歷程中，表意人從意思形成到發出通知之間，尚可分為幾個階段：表意人的「意思形成」或「起心動念」階段、選擇表達方法或語文的階段、使用所選擇的表達方法或語文的階段、將意思的內容或通知發出的階段。[20] 例如在前例中，甲在第一階段，先基於經濟需求、人情壓力或其他因素，而決定要出售 A 地給乙，在第二階段，須選擇適當的表達

---

[20] 契約成立的階段，可細分為：(一)意思形成、(二)選用表達的語言或方法、(三)使用選用的語言、(四)意思表示的發出、(五)意思表示的達到、(六)相對人了解、(七)相對人為承諾。陳自強，《契約之成立與生效》，臺北：學林，2002 年 3 月初版，頁 231～232。

方法，即電話、信件、當面討論或電子郵件等，以便乙可以接收並了解甲的意思的內容，在第三階段，須使用適當而正確的語句或文字，以明確表示自己內心的意思，在第四階段，須選擇讓意思通知脫離自己控制範圍的方法。

意思表示錯誤，是內心的意思與對外表示的意思，偶然、無意識地不一致，表意人通常是不認識事實或對事實的認識不正確，並進而為意思表示。❷❶ 發生意思表示錯誤的不認識事實或對事實的認識不正確，可能根源於上述四個階段中的任何一個。例如在第一階段中，表意人甲認定 A 地會因變更地目而漲價，而以較市價更高的價格向乙購買 A 地，乃是在促成甲「起心動念」的基礎事實（A 地會因變更地目而漲價）的認識不正確，此種錯誤在學理上稱為動機錯誤；在第二階段中，表意人甲要購買 A 地，A 地的地籍號碼為 1011，另有地籍號碼為 1101 的 B 地，但甲以為地籍號碼 1101 是代表 A 地，而表示要購買地籍號碼 1101 的土地，此乃甲選擇表達 A 地的方法（地籍號碼）時，對該方法（地籍號碼）的認識不正確（將 1011 誤為 1101），此種錯誤在學理上稱為表示內容的錯誤；在第三階段中，甲決定寫出願意購買 A 地的價格，但在書寫時將 100 萬元寫成 1000 萬元，乃是在使用文字或號碼時，對於號碼的認識不正確，此種錯誤在學理上稱為表示行為的錯誤；在第四階段中，甲以鉛筆在便條上寫下決定以 1000 萬元購買 A 地的意思，請丙打字後再傳真給乙，丙所傳真的打字稿表示甲願意購買 A 地的買價是 1200 萬元時，乃是甲對所選擇發出意思表示的方法，有認識不正確的情形，此種錯誤在學理上稱為傳達錯誤。

錯誤的意思表示和表意人的初衷或原來的預期不一致，法律上如使其發生效力，即與當事人意思自治的原則不符，如均不發生效力，對於不知情的相對人亦不公平，為兼顧私法自治的原則及雙方當事人的利益，各國通常在法律上規定表意人在具備一定要件下，得不受其錯誤的意思表示的

---

❷❶　錯誤乃意思與表示不符合而發生，表意人應先有意思表示。如單純的不認識事實之外，別無意思表示，通常只會構成「善意」的狀態。至於當事人之有無意思表示，應以解釋方式認定之。

拘束。我國民法對於意思表示的錯誤，採取折衷的立法政策，規定並非絕對有效或絕對無效，而是表意人符合要件時，即表意人就錯誤的發生不可歸責（無過失），且其為交易上的重大錯誤者，得予以撤銷，以維護私法自治及交易安定。

　　民法第88條規定：「意思表示之內容有錯誤，或表意人若知其事情即不為意思表示者，表意人得將其意思表示撤銷之。但以其錯誤或不知事情，非由表意人自己之過失者為限。當事人之資格或物之性質，若交易上認為重要者，其錯誤，視為意思表示內容之錯誤。」第89條規定：「意思表示，因傳達人或傳達機關傳達不實者，得比照前條之規定撤銷之。」根據此二規定，表意人得以錯誤為理由，而撤銷其意思表示的情形，在形式上包含「意思表示內容之錯誤」、「表示行為之錯誤」及「傳達錯誤」，「動機錯誤」在形式上不得撤銷，但其「視為意思表示內容之錯誤」者，雖然在實質上屬於「動機錯誤」，仍得撤銷之。

(二)動機錯誤

　　動機是指表意人之所以為意思表示的原因，例如甲聽說 A 地所在的地段將由農業用地變更為商業用地，而大膽地以高價買進；乙為和女友訂婚而購買高價的鑽戒；丙因公司將發布其為總經理，而以高價購買豪宅；丁以為某公司的股票將狂漲而大量收購；戊以為海外的某天王巨星能創造票房佳績，而重金禮聘其來臺演出。上述情形，後來如果事與願違，表意人得否主張動機錯誤而撤銷意思表示，即應以前述條文為斷。一般是基於下列理由而持否定見解：(1)民法並未規定動機錯誤，得作為撤銷意思表示的理由；(2)動機只是意思表示的間接原因，尚非意思表示的成分，其錯誤不得與意思表示的錯誤等量齊觀；(3)表意人內心的動機未對外表示，相對人無從探知，表意人如得主張動機錯誤，而不受其意思表示的拘束，將有害於交易安全。

　　不過在我國民法上，動機錯誤並非絕對不得據以撤銷意思表示，因為第88條第2項規定：「當事人之資格或物之性質，若交易上認為重要者，

其錯誤，視為意思表示內容之錯誤」。表意人對「當事人之資格」的錯誤，是指對於當事人是否具備特定的身分、學經歷、專長、職業、資力、健康狀態、刑罰前科、年齡、性別等，認定錯誤而進一步為意思表示而言，例如甲誤以為在外國擔任「教授助理」(professor's assistant) 的乙係擔任「助理教授」(assistant professor)，而聘任乙為大學的助理教授時，甲即對乙的資格有錯誤。表意人如對當事人的「同一性」發生錯誤，例如甲聽聞乙學有專精，擬聘乙擔任講座，但透過網路搜尋，卻找到同名同姓的丙，並向丙表示只要丙同意，即禮聘丙擔任講座。此種錯誤一般認為並非動機錯誤，而是意思表示內容的錯誤。

「物之性質」的錯誤是指表意人對於物的品質、數量、形狀、產地、年代、真假（純金或 K 金、真品或複製品）、使用期限等發生錯誤，例如 A 畫係清代某名家的學生之作品，甲以為其乃該名家少年時的學畫之作，而高價予以購買，即發生對物之性質的錯誤。表意人如對作為法律行為標的的權利的性質發生錯誤，例如甲對 A 地有地上權，其內容並不包括得在 A 地上建築高樓，乙以為所有的地上權均得在他人土地上有建築物（民 832），乃以高價購買該地上權的情形，即是對權利的性質發生錯誤。此種情形，解釋上有認為亦應適用上述關於物之性質錯誤的規定者，惟如對於「物」採狹義解釋，認為其專指動產及不動產而言，亦宜類推適用其規定於權利性質之錯誤，例如表意人甲不知民法第 923、924 條規定，誤以為就不動產設定「典權」，不會因為未回贖典物，而當然喪失典物之所有權乃設定典權給乙時，若可認定其具有交易上重要性，其關於權利性質之錯誤，亦宜視為意思表示內容之錯誤。

不論為當事人資格或物之性質的錯誤，均為動機錯誤，依法必須該動機具有交易上的重要性，始得以其錯誤為理由撤銷意思表示。至於錯誤在交易上之是否具有重要性，應依個案情形分別認定之。例如在跳蚤市場的古董買賣，其標的物的性質、年代或作者的認定錯誤，通常被認為不具交易重要性，但在專業的古董商店的買賣中，類似的錯誤即具有交易重要性。此外，如當事人須將動機提升為法律行為的要件，例如表意人表示相對人

必須具有「助理教授」的資格，或標的物須確實為清代名家年少時的作品時，其原來的動機已成為意思表示的內容或法律行為的條件，其當事人資格或物之性質即已非動機，如不具備，即屬法律行為要件不具備或條件不成就，乃是法律行為不成立或不發生效力，並非是否得撤銷的問題。

㈢表示內容的錯誤

表意人在發出意思表示的通知時，對其內容發生錯誤時，稱為表示內容的錯誤，民法第 88 條將其規定：「意思表示之內容有錯誤」。此種情形的發生，主要是因為表意人所選擇表達的方法，無法正確地表達其內心的意思，致使表示出來的內容和內心的本意不一致，其情形可再區分為：

1.對專業術語的誤解誤用

在我國民法上，可能發生表意人對法律專業術語的理解錯誤，而予以誤用的情形，例如甲對於保證契約書上的「連帶保證」（民 272），誤以為只是一般的保證（民 739），而簽名同意任保證人；乙誤以為機器的租賃契約（民 421），與使用借貸契約（民 464）均屬無償契約，而訂定契約。表意人也可能不了解或誤解單位名稱的實質內容，例如表意人甲誤認重量單位的「斤」（可能為臺斤或市斤）、「臺斤」（600 公克）、「市斤」（500 公克）與「公斤」（1000 公克），均代表相同的重量，而向乙表示願以每「斤」200 元購買 20「斤」蓮霧時，由於甲內心的「斤」代表 1000 公克，與乙及社會大眾理解的 600 公克不同，乃發生錯誤。㉒

㉒ 德國哈瑙州法院曾審理一件類似的案件：一所女子中學的副校長為該校訂購 25 卷的衛生紙，卻表示要購買「25 羅卷」(25 Gros Rollen)，副校長以為「羅」(Gros) 是一種包裝方式的稱呼，內心只想訂購 25 卷，但在一般交易上，「羅」(Gros) 是指 12「打」，故副校長已訂購 3600 卷（12×12×25 卷＝3600 卷，每卷 1000 張，判決書指出此乃該校若干年的總需要量）。Medicus 教授認為，如以副校長的文字為準，其數量之大已異乎尋常，也不可能是學校的預算所能支應，應認為出賣人不可能為承諾之表示，亦無撤銷之必要，但如認為出賣人判定其為可能且合理，則可撤銷之。Dieter Medicus 著，邵建東譯，《德國民法總論》(Allgemeiner Teil des BGB)，臺北：元照，2002 年 9 月初版，頁 517～518。

2.對相對人「同一性」的錯誤

即指對相對人「本身」（而非其資格）的錯誤而言，如在前舉之例中，甲欲與乙為法律行為，卻誤與丙為法律行為，即屬此種錯誤。就一般日常的交易而言，法律行為的相對人往往是陌生人，相對人的姓名為何或其與他人有何不同，並非重要之點，例如甲擬購買高級荔枝「玉荷包」，只要能買到符合其期望之價位、品質及數量之「玉荷包」即可，甲究竟係向乙或丙購買並不重要；丁如有高級茶葉待價而沽，只要價格合適，究竟買主為戊或己並不重要，故此種錯誤原則上不影響法律行為的效力。但在某些特別重視當事人個人的法律行為，例如以當事人信任關係為基礎的委任、僱傭、贈與、借貸契約等，當事人只願意與特定的相對人成立法律行為，此時如表意人發生對相對人同一性的錯誤，例如甲誤以為乙是曾獲得美髮比賽冠軍的丙，而以高價聘請乙到府設計及修剪頭髮，甲發現乙未參加比賽亦非冠軍得主，而只是同名同姓的美髮師時，甲即得以意思表示的內容錯誤為理由，撤銷其意思表示。

3.對標的物「同一性」的錯誤

即指對標的物「本身」（而非其性質）的錯誤而言。例如甲擬贈與乙乞丐 100 元，卻誤將 500 元鈔票當作 100 元鈔票而贈與之；丙擬購買武功秘笈「葵花寶典」，向丁購買名為「葵花寶典」，實為各種向日葵植栽指南的工具書等，其表意人均得撤銷之。

㈣表示行為的錯誤

表示行為的錯誤也稱為表示錯誤，民法第 88 條第 1 項以假定的句法，將此項錯誤規定為：「表意人若知其事情即不為意思表示」，即指表意人原擬就內心之真意，以正確的方法及符號發出正確的訊息，但在表示時仍然發生錯誤。例如甲心裡想著將房屋「出租」給乙，卻向乙表示同意「借用」；丙出租房屋給丁，在電腦鍵入 100000 元的租金數額時，漏未鍵入其中一個 0，而傳送出租金只要 10000 元的訊息等，都構成表示行為的錯誤。上述情形的表意人在客觀上雖都曾為表示行為，企圖使相對人了解其內心之意思，

但當時對其錯誤之事情並無所悉，如果知其實情，即不為錯誤的表示。換言之，就該錯誤的意思表示而言，其並非表意人所想要表示者，表意人在主觀上並無效果意思，且不知其所為行為已構成非其所願的其他意思表示，❷不宜使其承擔該錯誤意思表示之全部風險，故得撤銷之。

(五)傳達錯誤

表意人的意思表示係經由傳達人或傳達機關傳送時，如在意思表示發出後，在傳送給受領人（相對人）時，由於傳達人或傳達機關的錯誤，而發生表意人原來向傳達人或傳達機關表示的意思內容，和傳達人或傳達機關傳達給相對人的意思的內容不一致時，例如甲請乙代發英文傳真給丙，表示甲願意出售 A 地，價金 1000 萬元，乙以自己名義轉述甲的意思，但表示甲的價金為 100 萬元 (one million) 時，即為傳達錯誤，簡稱誤傳。

意思表示因傳達錯誤而「失真」的風險，在對話為意思表示時不可能發生，非對話人間的意思表示如係以信件郵寄的方式為之時，在郵務管理良善的國家，也幾乎不可能發生（除非郵務人員擅自抽換或更改郵件）。表意人如透過傳達人帶「口信」或傳話的方式為意思表示，此一風險相對較高，在電子通訊不發達的時期，表意人有時需藉由電信機關發送電報之方式為意思表示，亦難免發生傳達錯誤的情形，例如電信機關的作業人員在轉譯表意人的意思時，就標的物的地號或價金的數額轉譯錯誤，均屬於傳達錯誤。

傳達錯誤在理論上可分為實質的傳達錯誤及形式的傳達錯誤。前者是指意思雖已達到正確的相對人，但意思的內容已有所扭曲，例如價金 1000 萬元被錯誤傳達為 100 萬元；後者是指傳達的意思正確，但卻達到錯誤的相對人，例如將甲給乙的信函，傳送給地址近似或姓名近似的丙。形式的傳達錯誤並非傳達錯誤，因為在上例中，甲對乙的意思表示並未達到，意思表示尚未發生效力，對丙的意思表示則欠缺甲要對丙負責的效果意思，屬於意思表示不成立。但也有認為為求法律關係簡單化，不妨將形式的傳

---

❷　參照最高法院 59 年臺上字第 3080 號判決。

達錯誤認為亦屬於傳達錯誤，由表意人適用同一規定予以撤銷。**㉔**

　　傳達錯誤的特徵，是表意人的意思表示係傳達人或傳達機關，傳達給相對人，而且在表意人這一端並未發生錯誤，而是在傳達人或傳達機關傳達意思時，無意識地傳達不實。如表意人向傳達人或傳達機關表示其意思時，已有錯誤，則屬於意思表示錯誤，而非傳達錯誤的問題。傳達錯誤的原因，包括因傳達人或承辦人員的過失、事變、傳達機關的機器故障等偶然的情形，如出於傳達人或傳達機關故意變更表意人的原意，為保護表意人，宜認為原意思表示並未達到相對人，故不適用傳達錯誤的規定。從風險分擔的角度言之，表意人可自由決定採用何種傳達方法，也可以自由決定其傳達人或傳達機關，故傳達人或傳達機關在性質上乃是依表意人的指示傳達意思的表示機關，其傳達錯誤固然在理論上可以與表意人自己的錯誤區別，但其風險仍應依同一原則予以合理分配。

㈥法律效果

1.撤銷權

　　意思表示有錯誤時，由於意思與表示不一致，有違當事人的真意，為保護表意人利益，自須妥適分配因其錯誤而發生之風險，並兼顧相對人利益及交易安全的維護。我國民法除本於私法自治之原則，原則上承認意思表示之效力，另外再規定表意人在一定條件下，得撤銷其意思表示，惟亦應負擔相當的損害賠償責任，使其風險在雙方當事人及社會之間，均獲得合理之分配。

　　民法第 88 條第 1 項規定：「意思表示之內容有錯誤，或表意人若知其事情即不為意思表示者，表意人得將其意思表示撤銷之。但以其錯誤或不知事情，非由表意人自己之過失者為限。」傳達錯誤的情形，即意思表示，因傳達人或傳達機關傳達不實者，依民法第 89 條規定，「得比照前條之規定撤銷之」。傳達在性質上為意思表示的方法，傳達錯誤為表示行為的錯誤，表意人原得依錯誤規定予以撤銷，為免發生法律適用上的疑義，乃特別規

㉔　施啟揚，《民法總則》，自版，2005 年 6 月 6 版，頁 248。

定其得「比照」錯誤的規定撤銷之。所謂「比照前條之規定」，是指「準用」第 88 條規定之要件而言，故表意人亦以其傳達錯誤非由表意人自己之過失者為限，始得撤銷其意思表示。錯誤的意思表示如經撤銷後，自始歸於無效（民 114）。

表意人撤銷權的成立，除須有前述各種錯誤之外，須再符合若干要件，並應對相對人或第三人負損害賠償責任。茲分點析述如下：

(1)表意人須無過失

表意人就表示內容的錯誤，必須以非由於表意人自己的過失所引起者為限，使得撤銷之。第 88 條只規定「過失」一詞，但究竟是指何種過失，仍待進一步確定。民法上的過失包括重大過失與輕過失，輕過失又可分為抽象的輕過失與具體的輕過失。過失是指行為人應注意而未注意，即欠缺應有的注意的狀態，重大過失就是指行為人最離譜的狀態，即顯然欠缺一般人應有的注意程度而言。抽象的輕過失是指欠缺社會一般公認的客觀注意程度，即違反善良管理人的注意義務而言；具體的輕過失是指欠缺行為人自己的主觀注意程度，即違反與處理自己事務之同一注意義務而言。

本條項的「過失」的標準，在學說上有不同見解。如認為是重大過失，表意人的撤銷權較容易成立，但對於表意人的寬厚即是轉嫁風險給相對人，在表意人有輕過失的情形下，仍使相對人承擔法律行為被撤銷的風險，似非合理，也不能維持交易安全。如認為是具體的輕過失，則撤銷權成立的標準將因人而異，行事謹慎凡事注意力較高的表意人，在已盡善良管理人的注意義務的情形下，仍不能撤銷意思表示，似嫌過苛；不拘小節凡事粗心大意的表意人，即使已違反善良管理人的注意義務，卻仍得予以撤銷，則太寬鬆。相較之下，如認為是抽象的輕過失，已盡善良管理人的注意義務的表意人，即可因錯誤而撤銷其意思表示，未能善盡善良管理人的注意義務的表意人，則不得撤銷，意思表示錯誤的風險係依客觀的標準予以分配，似較允當，並符合適度限制撤銷權的私法自治原則。❷⁵

(2)錯誤須在交易上認為重要

---

❷⁵　最高法院 60 年臺上字第 1108 號判決亦採此一見解。

在私法自治的原則下，因錯誤而撤銷意思表示者，乃是一種法律特別規定的例外情形，故應從嚴適用之。表意人究竟有無錯誤或其錯誤的種類為何的問題，應先從意思表示的解釋著手，即先確定表意人內心的意思和對外表示的意思是否不一致，當相對人所能理解的意思內容，可以不受形式語文的拘束，而和表意人的內心意思一致時，即無撤銷的必要。例如出賣人甲將價金 1000 萬元，誤寫為 100 萬元給買受人乙的情形，如果可以解釋認為乙已清楚意識到甲的價金不可能是 100 萬元時，即應認為甲的意思表示未有效成立，無須撤銷。

表意人的錯誤究為動機錯誤、表示內容的錯誤或表示行為的錯誤，有時甚難區別，但不同種類的錯誤在撤銷權的要件又有差別，故在實務上，法院仍有解釋的空間。在確實有錯誤的情況下，法院仍得認定其屬於何種錯誤，如屬於動機錯誤，再依個案情節的輕重不同，決定該錯誤是否具有交易上的重要性，及表意人是否得因其錯誤而撤銷意思表示。影響所及，表意人雖有錯誤，但該錯誤微不足道時，即不得予以撤銷。例如在表意人關於給付的數量、日期、品質、價格、履行方法等，如有輕微錯誤，似宜認為其不具交易上的客觀重要性，不許其撤銷，以免使已發生效力的法律行為，動輒被撤銷而自始歸於無效，影響交易安全及社會秩序。

⑶**須於一年內撤銷**

表意人因意思表示錯誤或傳達錯誤，而依民法第 88、89 條享有之撤銷權，依民法第 90 條規定，「自意思表示後，經過一年而消滅」。本條所定之一年期間為除斥期間，其立法理由是認為意思表示依私法自治之原則，應以有效為原則，而撤銷權之行使將使意思表示溯及既往視為無效，致使意思表示之有效與否，繫於表意人之是否行使撤銷權，如任由表意人隨時撤銷其意思表示，影響法律關係之安定過鉅，故宜限制其僅得於短期間內行使之。此項一年期間，係自「意思表示後」起算，所謂「意思表示後」，是指意思表示生效後而言，故在無相對人的單獨行為，是以意思表示完成時為準，在有相對人的意思表示，是以相對人了解意思表示或意思表示到達相對人時為準。

2.損害賠償責任

意思表示因錯誤而被撤銷時，因該錯誤而生的風險即由表意人以外之人承擔，但錯誤既存在於表意人這一端，亦不宜使無辜之相對人及第三人承擔其錯誤之全部終局風險，故民法第 91 條乃規定：「依第八十八條及第八十九條之規定撤銷意思表示時，表意人對於信其意思表示為有效而受損害之相對人或第三人，應負賠償責任。但其撤銷之原因，受害人明知或可得而知者，不在此限」。表意人此項賠償義務的賠償對象，為「信其意思表示為有效而受損害之相對人或第三人」。

此項賠償責任係法律為平衡當事人之利益及風險，而在表意人撤銷意思表示之後，為避免表意人的撤銷權建立在他人之損失之上，而重新調整當事人間之損益之方法。故此項責任並非侵權行為或債務不履行之賠償責任，不以具備侵權行為或債務不履行責任之要件為必要，故從表意人方面言之，此項賠償責任為無過失責任，即使表意人只是依法行使撤銷權，並無故意或過失可言，亦應負賠償責任。

不過，依本條但書規定，受害人如對於撤銷之原因，即意思表示之錯誤或傳達錯誤等事情，係明知或其不知係有過失者（即其可得而知或因過失而不知者），表意人即不負賠償責任。由於此等受害人對於表意人之可能撤銷其意思表示，已明知或因過失而不知，對其可能被撤銷之風險，已有所認識，但仍甘冒風險而為法律行為者，其應自行吸收該風險，故法律無再予以保護之必要。❷⑥

本條所稱「相對人」，係指有相對人意思表示之受領人而言。所稱「第三人」，並非指從相對人受讓標的物所有權之人，而是指因系爭無相對人意思表示而受損害之人。❷⑦例如甲有 A、B 二桌，決定丟棄 A 桌之後，卻誤

---

❷⑥　學者有認為受害人與有過失而得過失相抵時，民法第 217 條已有減輕或免除賠償的原則性規定，本條係進一步規定表意人不負損害賠償責任。施啟揚，《民法總則》，自版，2005 年 6 月 6 版，頁 247。但本條之賠償責任係屬無過失責任，似不宜將其理解為過失相抵之原則。

❷⑦　王澤鑑，《民法總則》，自版，2000 年 9 月，頁 413。

取 B 桌而丟棄之，乙以所有的意思，從垃圾集散場中撿起 B 桌，僱用工人搬運回家並予以清洗整理，甲發現後向乙請求返還 B 桌時，可認為甲就丟棄 B 桌的物權行為的意思表示發生錯誤，得依法撤銷之。本例中之乙並非甲的意思表示的相對人，而是依民法第 802 條規定取得 B 桌的第三人，甲在撤銷意思表示後，雖得依民法第 767 條向乙請求返還 B 桌，但對乙因搬運、清洗及整理 B 桌而支付費用等損害，應依前述規定負賠償之責。

表意人此項賠償責任的賠償的對象，係信其意思表示為有效而受損害之相對人或第三人，賠償的範圍亦限定在「信其意思表示為有效而受之損害」，即學理上所稱之「信賴之損害」(Vertrauensschaden) 或「消極利益」(negatives Interesse) 之損害。相對人或第三人因信賴而受之損害，包含相對人為配合表意人訂定契約而支出差旅費用、代書費用、公證費用等，以及相對人為履行契約而支出包裝、運送、保險費用、借用所需之價金所生之利息等，也包含因而放棄為其他法律行為之損失在內。

相對人或第三人因意思表示被撤銷，而未能取得之利益，例如相對人已覓妥新買主，其將原法律行為之標的物再轉賣者，轉賣價金高於原購買價金之部分，即其「本來可以賺取」之差價，或如上述例中乙所取得之 B 桌之價值，乃是「履行利益」(Erfülungsinteresse) 或「積極利益」(positives Interesse)，該利益之損害並非此處「信其意思表示為有效而受之損害」，依法不得請求賠償。不過，相對人或第三人依法所能獲得之最大利益，應是表意人未撤銷意思表示，而依法律行為取得其權利，故如其因表意人撤銷意思表示，而取得更大之利益，即非合理。故宜認為相對人或第三人僅得請求表意人賠償其信賴利益或消極利益之損害，且其數額以未超過其履行利益或積極利益之數額為限。

㈦幾個與錯誤類似的問題

1.受領人錯誤或誤解

表意人一方內心的意思與表示於外部的意思不一致,乃是錯誤的特徵,故錯誤係存在於表意人一方的狀態。表意人如就其內心的意思，已正確表

示並正確傳達，而相對人誤解，即非屬前述意思表示錯誤之問題。此時表意人因無錯誤而不得撤銷，受領人或相對人如僅誤解，而未為意思表示，亦無得撤銷之對象，但如其已進一步為新的意思表示，則可另就新的意思表示，判斷其是否得撤銷。相對人如未親自受領意思表示，而由受領使者或受領機關代為受領時，也可能發生受領不正確或受領後卻傳達失實的情況，此時也與意思表示錯誤或傳達錯誤不同，從風險分配的角度言之，受領使者或受領機關發生錯誤的風險應由受領人自行承擔，故亦應依上述受領人或相對人未能正確了解意思內容的原則處理。

如法律行為雙方當事人各自的意思與表示並無錯誤，但雙方當事人所表示的意思表示卻未「對焦」，形成「雞同鴨講」的情形者，稱為誤解或未合意。例如甲向乙表示願以 1000 元購買 A 套書，乙誤解為甲願意購買 B 套書，乃向甲表示「馬上成交」，但其所表示者是願意以 1000 元出售 B 套書，如乙不願出售 A 套書，只須主張雙方意思表示未合致，法律行為即關於 A 套書之買賣契約尚未成立（民 153），無須撤銷關於 B 套書之意思表示。因為此時的問題為受領意思表示的當事人了解不正確，並無得撤銷意思表示的錯誤，甲或乙發現誤解之後如仍欲為該項法律行為時，得再為正確的意思表示，使 A 套書或 B 套書的買賣契約有效成立。

2.法律效果錯誤

法律效果錯誤 (Rechtsfolgeirrtum)，是指表意人因為不諳法律之規定，而對於其意思表示的法律效果發生錯誤。例如出賣人甲出售一輛舊車給買受人乙，甲以為在銀貨兩訖之後對該車即概不負責，但甲依民法規定仍應負出賣人之瑕疵擔保責任。此種錯誤表面上可歸類為內容錯誤或動機錯誤，並應分別決定表意人得否撤銷之，即：⑴法律效果如係因當事人的法律行為直接發生者，例如甲誤以為租賃和使用借貸並無不同，不知其一為有償，一為無償，內心想要出租給乙以收取租金，卻表示願意和乙成立使用借貸，其中甲關於使用借貸的法律效果錯誤，即為內容錯誤；⑵法律效果如非因當事人的法律行為直接發生，而是法律為補充當事人之意思所規定之附帶效果者，例如當事人不知法律規定出賣人應負瑕疵擔保責任或買賣不破租

賃之原則（民 425、425-1），僅屬動機錯誤。❷

不過，本書認為法律效果錯誤尚無適用關於錯誤之規定之必要。因為上述第一種情形只是甲的用語的選擇問題，可透過解釋的方法認為甲所表示之意思實為租賃，而非使用借貸，故未發生錯誤的情形。在第二種情形中，則應先認定法律上關於法律行為的法律效果的規定的性質，如其為任意法，則應解釋甲的意思內容而確定其法律效果，甲不知該法律之內容或認識錯誤，並不影響該法律行為之效力；如為強行法，甲本來就不得為相反之意思表示，即使非出於錯誤，而作出與法律規定相反之意思表示，其違反法律規定之部分亦屬無效，其因誤解而為本屬無效之意思表示，理論上似無適用關於錯誤之規定之必要。

3.計算錯誤

計算錯誤是指表意人關於一定數量之表示，在其計算基礎或計算過程發生錯誤，致使其表示了若知其計算錯誤即不會表示的錯誤數量。❷ 例如甲承諾為乙的 A 地鋪設地磚，連工帶料共 500 萬元，後來發現 A 地面積為 110 坪，甲原來以總坪數 100 坪，每坪 5 萬元為基礎所計算的總金額，與實際上應正確表示的總金額不一致（應為 550 萬元，卻表示為 500 萬元），即屬於計算錯誤。

計算錯誤可分為二種情形，其法律性質和效果均不相同：(1)隱藏的計算錯誤，例如在前舉之例中，倘甲計算總金額的基礎，即「總坪數 100 坪，每坪 5 萬元」，未曾藉表示行為表示出來作為意思表示的內容，而只在內心將其作為計算成本及利潤的參考，其錯誤即屬動機錯誤，不得撤銷。(2)公開的計算錯誤，例如在前舉之例中，倘甲明確表示「總坪數 100 坪，每坪 5 萬元，總金額為 500 萬元」，由於依據甲已明確表示的計算基礎，甲僅有

---

❷ 王澤鑑，《民法總則》，自版，2000 年 9 月，頁 408。

❷ 請參閱陳自強，〈論計算錯誤〉，《政大法學評論》，第 53 期，頁 183；Dieter Medicus 著，邵建東譯，《德國民法總論》(*Allgemeiner Teil des BGB*)，臺北：元照，2002 年 9 月初版，頁 524～527；王澤鑑，《民法總則》，自版，2000 年 9 月，頁 408。

鋪設 100 坪地磚的義務，對於超過此項範圍的 10 坪地磚的鋪設工料 50 萬元，可依其是否得解釋為包含在原契約之範圍之不同，而分別依原契約或其他法律關係（如不當得利），而予以請求，故無適用關於意思表示錯誤之規定之必要。

4.簽名錯誤

簽名錯誤是指表意人因錯誤，而在未經正確閱讀及理解的特定文件上簽名，而形成該文件形式上已經生效，但其效力之內容自始即非表意人所欲或所願的情形。

例如甲為公共人物，參加集會活動時民眾爭相取得其簽名作為紀念，乙在人群中持某套書的訂購單給甲簽名，甲不疑有他，而予以簽名時，即為簽名錯誤。此種簽名錯誤的情形，甲的表示行為實際上欠缺意思表示所必須的表示意識，如強制其接受法律行為的效力，似非合理，故有認為應直接否認其意思表示之效力者，但晚近的通說認為甲在客觀上既已有表示行為，為保護相對人對其行為之信賴及交易安全，宜由表意人類推適用民法第 88 條關於意思表示錯誤之規定，撤銷其意思表示，並對相對人信賴利益之損害，負賠償責任。❸⓿

表意人發生簽名錯誤時，通常的狀態是「若知其事情，即不簽名」，故就其簽名所生的法律效果，似不妨直接認定其屬於表示行為的錯誤，而適用民法第 88 條之規定。但如書面記載的內容，與表意人內心的真意或其已口頭表示的內容不一致，表意人卻因不知而誤簽該書面時，仍應透過解釋的方法確定其真意的內容，不應執著於白紙黑字而誤判表意人的意思表示的內容。在表意人不是以社交行為的意思，而簽名於法律行為的文件上，而是以 A 法律行為的意思，而簽名在 B 法律行為的文件上，例如以隨喜小額捐款的意思，簽名於長期鉅額的制式捐款承諾書之上，或以簽收送達貨物之意思，簽名於他人貸款之保證契約書之上時，亦宜認定其為「若知其事情，即不簽名」的表示行為錯誤，故表意人之撤銷權，亦應以其不知事情，「非由表意人自己之過失者為限」。

❸⓿　王澤鑑，《民法總則》，自版，2000 年 9 月，頁 364。

5.債權人指封錯誤

在強制執行程序中，表意人也可能因錯誤而為意思表示，但其與債權人指封錯誤，而就該錯誤之標的物投標的情形有別。關於其間的區別，最高法院 94 年臺上字第 1225 號判決指出：「意思表示錯誤係指意思表示之內容或表示行為有錯誤者而言，僅為得撤銷之原因，並非當然無效。而強制執行中拍賣之不動產為第三人所有者，其拍賣為無效（司法院院字第五七八號解釋參照）。執行法院因債權人指封錯誤，進行拍賣該錯誤之標的物，拍定人投標願買者亦係該錯誤之標的物，則拍定人投標願買之意思表示，即無錯誤之可言，而係拍賣之系爭不動產為第三人所有，其拍賣無效。如債權人指封無誤，執行法院拍賣亦無誤，拍定人誤以其他標的物為拍賣標的物，而為投標願買拍賣標的物之意思表示，則屬錯誤之意思表示，並非無效。二者事實不同，法效亦不同。」

四、詐欺與脅迫

表意人在形成意思及決定表示的過程中，有時因受到外來不法或不當的影響，而作出在意思自由的狀態下不會作出的意思表示。此時即使表意人確實已將內心的意思，透過表示行為對外表示，但由於引發其意思表示的動機，已因當時的心理壓力而被扭曲，其所表示的意思，與在無心理壓力的狀態下所表示者，並不相同，其意思表示是否應生效力，乃成為問題。在上述情形中，表意人的意思表示的瑕疵，主要是「若無該外力之介入，即不為該意思表示」，其結果是：原來不會表示的意思，卻已經表示出來。表意人此種意思表示，由於是被外來的不法或不當因素驅動，故其與因偶然因素而發生的意思表示錯誤（動機錯誤），仍有不同。

具有上述瑕疵的意思表示，主要是被詐欺及被脅迫兩種情形。在有瑕疵的意思表示中，雖然表意人自己決定為該意思表示，但其意思之決定已有不自由之成分，其本來不願意表示的意思，在受外來的不法或不當干涉的情形下，乃表示出來，故宜在立法上決定該意思表示的效力問題。我國民法對於顯然違反意思自治及契約自由原則的意思表示，並未規定所有被

外來的不法或不當因素影響者，皆不承認其效力，而僅就表意人被詐欺或脅迫的情形，規定表意人得撤銷其意思表示，❸並依表意人意思決定的自由以及社會秩序被影響程度的不同，分別規定其法律效果，即被詐欺或被脅迫者均得撤銷其意思表示，但僅被脅迫而經撤銷者，得對抗任何善意第三人（民 92 II）。

(一)詐　欺

1.詐欺的要件

民法對於詐欺未明文規定其定義，通常是指行為人故意欺騙表意人，使其陷於錯誤，並進而表示不利於自己且本來不願意表示的意思。❸民法的詐欺應具備下列要件：

(1)須有詐欺的故意

詐欺依其本質須詐欺人有使人陷於錯誤的故意，並知悉表意人將基於錯誤而為一定的表示，倘其主觀上並無詐欺的意思，縱相對人的意思表示有錯誤，仍不能認定其為詐欺行為。❸故因過失以致表意人陷於錯誤而為一定的意思表示者，並不構成民法的「詐欺」。❸民法上所謂因被詐欺而為意思表示之「詐欺」，與刑法上所定詐欺取財罪之「詐欺」，並不相同，故原告於刑事程序告訴被告詐欺罪嫌，縱經檢察官認為罪嫌不足，處分不起

---

❸　對於詐欺及脅迫行為，我國刑法有詐欺罪（刑 339 以下）及妨害自由罪（刑 296 以下）的明文規定，其在民法上也是具有不法性的侵權行為（民 184），被害人得請求損害賠償。

❸　表意人因詐欺而陷於錯誤，進而為意思表示者，在表意人方面言，其內心的效果意思與對外所表示的意思並無不一致，因此與「錯誤」的情形有別。

❸　請參閱最高法院 87 年臺上字第 548 號判決、87 年臺上字第 1195 號判決。有認為詐欺人首先須有使人陷於錯誤之故意，並基於錯誤而為一定表示的故意，故為「雙重的故意」者，如施啟揚，《民法總則》，自版，2005 年 6 月 6 版，頁 250。

❸　該行為是否因意圖不法所有而構成詐欺罪（刑 339）或民事侵權行為（民 184），乃是另一問題，與此項定義無關。

訴，於民事上並不當然表示原告未因被詐欺而為意思表示。❸民法第 92 條並未將所有詐欺一視同仁，因為由第三人為詐欺行為時，以相對人可得而知詐欺的事實，或因過失而不知者為限，表意人始得撤銷其意思表示（民 92 I 但）。

　　⑵須有詐欺行為

　　民法的詐欺，須有使人陷於錯誤，而為意思表示的詐欺行為。如相對人只是在收受聘禮後故意拖延婚期，迫使表意人同意退婚的情形，應認為是違反婚約的民事問題，不得謂為詐欺。❸詐欺行為的「使人陷於錯誤」，包括下列二種主要形態：

　　①積極虛構事實：例如將 K 金飾品偽稱係純金打造、將仿冒光碟偽稱係正版光碟、將仿古的複製品偽稱係古董真品，或捏造相關的事實（如標的物曾經佛教高僧使用或加持等）、虛偽誇張性能（例如標的物能克制 SARS 病毒等），以誘導表意人陷於錯誤。虛構事實必須在客觀上有陷人於錯誤的可能性，且在交易上具有重要性始足當之，其與一般人不予重視的商業噱頭或誇張廣告等雖有不同，但有時不易區別，如屬於後者，縱已違反管理廣告等法令，仍非當然構成詐欺。實務上對於促銷系爭房屋者，於廣告圖說中登出美麗動人之詞句，又於廣告中列示建議之夾層設計平面圖，並於銷售現場使用夾層設計樣品之廣告物，向買受人解說系爭房屋於交屋後，可合法取得夾層使用空間的情形，認為其對於該買賣契約重要之點，已足以使買受人陷於錯誤，誤以為是以較低之價格購買較多之坪數，其使買受人信賴該廣告內容，以為可於出賣人交屋後，依該室內裝潢建議廣告圖說，自行選用為夾層之合法設計施工，從而決意與出賣人簽訂系爭房屋之買賣契約，應成立詐欺。❸

　　②消極隱匿事實：即為避免表意人發現真相，而故意掩飾或否認事實，

---

❸　參照最高法院 83 年臺上字第 634 號判決。

❸　參照最高法院 56 年臺上字第 3380 號判例。

❸　請參閱最高法院 87 年臺上字第 1500 號判決、最高法院 92 年臺上字第 1370 號判決。

例如隱匿建築用地的土質鬆軟、房屋係使用海砂或輻射鋼筋建造、二手汽車曾在高速公路發生車禍等事實。隱匿事實的不法性係建立在當事人的違反告知義務，例如出賣人故意不告知買賣標的物的瑕疵是（民 355 II、357）。當事人如無告知義務，即使對於事實真相保持緘默，亦不構成隱匿事實，❸例如農地買受人雖預知該地將因變更為建地而地價將大漲，但未告知出賣人，致出賣人為出售農地的意思表示是。❸但如對土地或預售屋的買受人有積極的說明，但對於不利益的因素卻未予以正確提出，在實務上可能被認定為積極虛構事實或欺罔之行為，而非單純之緘默。❹

⑶詐欺行為與意思表示之間，應有相當因果關係

民法第 92 條第 1 項規定：「因被詐欺或被脅迫而為意思表示者，表意人得撤銷其意思表示。」故詐欺行為與表意人陷於錯誤並進而為意思表示，須有相當因果關係，即「若非有詐欺，表意人即不為該意思表示」的情形，表意人始得撤銷其意思表示。❹但表意人的錯誤及表示不必以詐欺為唯一原因，如其並非因詐欺而發生，卻因詐欺行為而加深錯誤的程度，增強其表示的決心者，亦具有相當因果關係。❹至於因詐欺而不為意思表示者，例如甲因被詐欺而誤以為 A 農地將漲價，而決定拒絕乙購買該地之要約時，由於並無可撤銷之意思表示，亦無適用第 92 條之必要。

2.詐欺的特別規定

詐欺在性質上屬於侵權行為，故詐欺行為者不以有行為能力為必要。但限制行為能力人如以詐術，使人誤信其為有行為能力人或已得法定代理人允許者，民法第 83 條已有特別規定，應不再適用第 92 條。因為第 83 條規定的法律效果是強制法律行為有效，其目的在對於限制行為能力人剝奪法律原來所給與的保護，強制其負擔法律行為所生的效果，如再允許相對

---

❸　參照最高法院 84 年臺上字第 1619 號判決。

❸　參照最高法院 33 年上字第 884 號判例、56 年臺上字第 3380 號判例。

❹　參照最高法院 91 年臺上字第 2025 號判決。

❹　參照最高法院 92 年臺上字第 2240 號判決。

❹　施啟揚，《民法總則》，自版，2005 年 6 月 6 版，頁 251。

人撤銷其意思表示，似與立法意旨相違，而且法律行為既已強制有效，而有利於法律行為的相對人，相對人如再以同一理由（被詐欺）予以撤銷，亦不符合公平原則。

保險法第 64 條關於消極隱匿事實的詐欺，亦設有特別規定：「訂立契約時，要保人對於保險人之書面詢問，應據實說明。要保人故意隱匿，或因過失遺漏，或為不實之說明，足以變更或減少保險人對於危險之估計者，保險人得解除契約；其危險發生後亦同。但要保人證明危險之發生未基於其說明或未說明之事實時，不在此限。前項解除契約權，自保險人知有解除之原因後，經過一個月不行使而消滅；或契約訂立後經過二年，即有可以解除之原因，亦不得解除契約。」依最高法院 86 年臺上字第 2113 號判例及民國 86 年 11 月 5 日 86 年度第 9 次民事庭會議的決議，「保險法第六十四條之規定，乃保險契約中關於保險人因被詐欺而為意思表示之特別規定，應排除民法第九十二條規定之適用。」其理由是：「否則，將使保險法第六十四條第三項對契約解除權行使之限制規定，形同具文。」

3.詐欺的效果

⑴對於當事人間的效力

民法第 92 條第 1 項規定：「因被詐欺或被脅迫而為意思表示者，表意人得撤銷其意思表示。但詐欺係由第三人所為者，以相對人明知其事實或可得而知者為限，始得撤銷之。」根據本條項規定，因被詐欺而為意思表示者，表意人得撤銷其意思表示。❸在民法上因被詐欺所為意思表示，除表意人不企求發生其效果，基於侵權行為規定，請求損害賠償，或撤銷其意思表示外，該表意人如仍企求發生其效果，不予撤銷，其效力依然存在，不因在刑事上被判詐欺罪，而影響民法上法律行為之效果。❹

詐欺係由相對人所為時，表意人在除斥期間內得隨時撤銷，如係由相對人以外的第三人所為，如買受人甲之所以購買出賣人乙的中古車，是因

---

❸ 如表意人並未因而為已成立但有瑕疵的意思表示時，即無行使撤銷的必要。請參考最高法院 57 年臺上字第 2421 號判決。

❹ 參照最高法院 59 年臺上字第 1172 號判決。

為受第三人丙之詐欺時，則以相對人某乙明知丙詐欺的事實或可得而知者為限，表意人甲始得撤銷其意思表示。換言之，如相對人乙是善意且無過失時，法律亦應保護其利益，而不應使其承擔甲被詐欺所生的風險，故表意人不得撤銷意思表示。本條第 1 項但書以有相對人為必要，故無相對人的單獨行為，表意人得加以撤銷，不受本條項但書的限制，且只要相對人明知或可得而知即可撤銷，故如相對人與第三人共同為詐欺行為，亦得撤銷之。

依私法自治的原則，意思表示的有效成立，應屬於一項原則，故在訴訟上主張意思表示已有效成立的當事人，無庸就其事實負舉證責任，相對而言，主張其意思表示得撤銷的表意人，對於其有撤銷權的例外情形，即應就其事實負舉證責任。故主張被詐欺而為表示之當事人，應就其詐欺之事實負舉證之責任。㊺表意人如就此自承其無法舉證證明，則其抗辯有受詐欺之情事，法院即認定其不足採信，從而將認為其意思表示仍屬有效。㊻

(2)對於第三人的效力

民法第 92 條第 2 項規定：「被詐欺而為之意思表示，其撤銷不得以之對抗善意第三人。」第三人是指與表意人直接為法律行為的相對人以外，而有利害關係的第三人。例如甲有 A 古天珠，被乙詐欺而將 A 古天珠出賣給乙，乙又將 A 古天珠轉賣給善意丙時，丙即為第三人。甲如以詐欺為理由撤銷甲、乙之間的法律行為時，其法律行為均視為自始無效（民 114），但對丙而言，如主張甲、乙之間的法律行為有效較有利時，甲即不得以法律行為已被撤銷，與丙對抗。㊼

(3)撤銷權的除斥期間

㊺　參照最高法院 44 年臺上字第 75 號判例。

㊻　參照最高法院 44 年臺上字第 75 號判例。

㊼　甲乙之間的債權行為，即使有效，亦僅在甲乙之間具有相對效力，其撤銷對丙似無影響，但乙之處分係以乙已取得所有權為前提，如甲撤銷其物權行為，乙讓與 A 古天珠所有權的行為即成為無權處分，丙仍得主張其為有權處分，而依法律行為取得其所有權，不必依善意受讓之規定（民 801），取得其所有權。故甲不得向丙請求返還 A 古天珠，僅得向乙請求損害賠償。

撤銷權為形成權，行使後會使意思表示被視為自始無效，在其行使之前，意思表示即處於可能被撤銷的不確定狀態，如持續過久，即不免影響法律秩序之安定。故民法第 93 條規定，撤銷應於發見詐欺後，一年內為之，但自意思表示後，經過十年，不得撤銷。表意人此項撤銷權之行使，應以意思表示為之，如相對人確定者，須以意思表示向相對人為之（民 116 II）。❹一年期間自表意人發現詐欺之事實時開始起算，十年期間自表意人為意思表示時即起算，十年間未發現詐欺之事實者，以後即不得再行撤銷。詐欺事實之有無係經主管機關認定者，為保護表意人之利益，應以主管機關為認定之處分時為發現詐欺事實之時。❹上述一年及十年之期間為除斥期間，其時間經過，撤銷權即告消滅，縱未經當事人主張或抗辯，法院亦應依職權予以調查審認，以為判斷之依據。❺

⑷損害賠償請求權

被詐欺而為負擔債務的意思表示者，固然得依第 92 條規定撤銷意思表示，使其債務歸於消滅，如其事實同時符合第 184 條的要件，而表意人同時亦為侵權行為的被害人時，被害人依法亦有損害賠償請求權。第 93 條關於撤銷權的除斥期間經過後，被害人仍得依第 197 條規定，本於侵權行為的損害賠償請求權，請求廢止加害人所取得的債權，即使損害賠償請求權已罹於第 197 條的消滅時效，被害人依第 198 條規定仍有抗辯權，仍得拒絕履行該項債務。❺

㈡脅　迫

1.脅迫的要件

脅迫是指對表意人故意預告危害，使其心生恐怖，並進而表示不利於自己且本來不願意表示的意思。例如甲承攬乙的工程，乙因可歸責於自己

---

❹　參照最高法院 83 年臺上字第 545 號判決。

❹　參照最高法院 91 年臺上字第 2583 號判決。

❺　參照最高法院 88 年臺上字第 1236 號判決。

❺　參照最高法院 28 年上字第 1282 號判例、最高法院 80 年臺上字第 289 號判決。

之事由，通知甲勿再繼續進行工程，並請求返還已支付之本票，雙方發生爭議，後來乙挾持恐嚇甲的家人，甲乃同意與乙簽訂和解書，載明：「甲方願意將乙方所開立之新臺幣 500 萬元本票無條件歸乙方，決無異議，以作為補貼未完成工程及其他損失之用」，甲同意和解的意思表示即是受乙之脅迫。❷ 脅迫是使表意人的心理受強制，而發生意思表示不自由的狀態；如不法行為人對於表意人加以生理上的強制，使表意人因感受到立即危害，而無法抗拒，在情非得已的情形下為意思表示，則已超過意思表示不自由的程度，並應解為欠缺行為意思及表示行為，其意思表示並未成立或無效。❸ 例如幫派分子打傷表意人，再以尖刀抵住其咽喉，逼迫其簽下本票時，表意人簽發本票的意思表示應屬未成立或無效，故不必對本票負責。

在競爭激烈的工商社會中，為爭取訂約的機會，常見有藉脅迫之方法，而取得利益者。脅迫通常是由脅迫人對表意人本人或親友，提出將對其生命、身體、財產或信用等有所不利的警告，迫使表意人在心理上處於被強制狀態，而不得不為訂定契約、廉價出售、高價購進或其他承諾。此種情形，如表意人已承諾支付或已支付款項，均得以被脅迫為理由，而撤銷其意思表示。

民法上的脅迫應具備下列要件：

(1) **脅迫人須有脅迫之故意**

即脅迫人須有使表意人內心發生壓迫感與恐怖感，並因而為一定意思表示的故意。❹ 此項故意是民法上的脅迫的要件，至於刑法相關犯罪的主

❷　參照最高法院 80 年臺上字第 2369 號判決、福建金門地方法院 92 年簡上字第 10 號民事判決。

❸　一般認為是當然無效，但如表示行為及表示意思為意思表示的成立要件，似宜認為是意思表示未成立。請參閱施啟揚，《民法總則》，自版，2005 年 6 月 6 版，頁 253；陳自強，《契約之成立與生效》，臺北：學林，2002 年 3 月初版，頁 273。但也有認為是不成立者，如劉得寬，《民法總則》，臺北：五南，1982 年 9 月修訂初版，頁 257。

❹　參照最高法院 50 年臺上字第 707 號判決。有稱此為雙重故意者，如施啟揚，《民法總則》，自版，2005 年 6 月 6 版，頁 252。

關要件，例如是否有意圖不法之所有（刑 346）或妨害他人自由（刑 296 以下）的犯罪故意，或不法侵害他人權利的故意等，均應分別判定之。

(2)脅迫人須有脅迫之行為

脅迫行為是指相對人或第三人以不法危害之言語或舉動加諸表意人，使其心生恐怖的行為。危害是指將來的不利益而言，較常見的是毆打、殺害、洩露秘密及拘捕等，但由於法律對於其內容及方式並無限制，故其類型甚多。在受害的主體方面，包含被脅迫人自己或其親戚朋友在內；在客體方面，包含財產利益及生命、身體、自由、名譽等人格利益在內；在方式方面，包含以言詞、書面、電子郵件、動作等在內。但表意人不得僅謂其受有「威權管理體制」之脅迫，蓋所謂「威權管理體制」，客觀上顯難與「因相對人或第三人以不法危害之言語或舉動加諸表意人，使其心生恐怖」之情狀同視。❺❺脅迫與第 74 條的「急迫」不同，脅迫係脅迫人對表意人所加的恐怖感，急迫則係表意人自己造成的相當困難狀態，暴利行為人只是乘機利用而已。例如甲掉落溪流之中，大喊救命，乙見狀後，先要求鉅額報酬，經甲答應後，始予以救助時，由於甲是對自己失去生命的恐怖，而非受他人脅迫而有恐怖感，故不得謂其為受脅迫而為意思表示。

(3)脅迫行為在客觀上必須為不法

民法第 92 條雖未明文規定此項要件，但司法實務上均解釋為包含此項要件。因此，脅迫行為如為合法行為，即不構成脅迫。❺❻例如債權人甲對債務人乙發出存證信函，表示再不還錢就要提告，即使確已足以使債務人發生恐怖感，而提出給付，尚不構成脅迫；丙就和解契約，縱係因丁向立、監兩院等機關纏擾不休而被迫簽訂，但僅向立法院、監察院兩院陳述或警

---

❺❺　參照最高法院 95 年臺上字第 2948 號判決。

❺❻　行為之是否構成脅迫行為，有時會發生認定之困難，但通常都從嚴認定之。例如要求對方合理售價，否則聯合同業全面抵制，造成對方心理上莫大威脅；或傷害罪的被害人要求加害人較高額的損害賠償，否則將提出告訴（刑 277、287，傷害罪須告訴乃論），尚難認為係脅迫行為。請參閱施啟揚，《民法總則》，自版，2005 年 6 月 6 版，頁 253。

察機關告發，尚難認為不法之脅迫。❺

　　脅迫的不法性可分為手段不法、目的不法、手段與目的關連之不法，只要具備其中任何一項不法，即構成脅迫。❺債權人通知債務人，如不按期清償，將綁架債務人，或買受人威脅出賣人如不出售土地，即將給予「教訓」等，都是目的合法但手段不法的情形。以揭發表意人漏稅或吸毒的事實為要脅，要求其買賣違禁品，則是手段合法但目的不法的情形。以揭發醫師用藥不當致人於死的事實為要脅，要求其為他人之債務簽訂保證契約時，如將手段與目的分別單獨觀察，均無不法，但如綜合一切情事觀察，則可發現以告發犯罪的目的，不在回復被害人因犯罪而生之損害，而是以此為手段脅迫醫師為人作保，其目的與犯罪本身不具內在關係，顯失平衡，即具有手段與目的關連之不法。❺

　　⑷意思表示與脅迫行為之間，須有相當因果關係

　　脅迫人雖為脅迫行為，如被脅迫人並未因此而心生恐怖，或雖有恐怖感但未為一定表示，或雖有脅迫但卻是因其他因素而為意思表示者，如甲為感念乙為甲父的恩人的後代，本來即有意低價讓售土地給乙，在第三人丙予以脅迫之後，讓售該土地給乙者，均欠缺因果關係，不構成脅迫。相對人由於其他原因已發生恐怖，而再以脅迫行為增強其恐怖程度，壓迫其決定意思並因而為表示者，仍為脅迫。

　　2.脅迫的效果

---

❺　參照最高法院 54 年臺上字第 2955 號判決。

❺　甲經營藥廠，虧損甚鉅，欲向乙貸款一千萬元。乙要求有殷實之保證人，甲一時難以找尋，情況窘迫。甲之弟丙在某醫院擔任檢驗師，知丁醫師誤用藥物致人於死，以告發其事脅迫丁為甲作保。三個月後，丁誤用藥物之事被人發現，正由檢察官偵查中。此時丁得以受脅迫為理由，向乙表示撤銷保證。見王澤鑑，《民法總則》，自版，2000 年 9 月，頁 427。

❺　手段與目的是否失衡，而具有關連之不法性之判斷，應斟酌一切情事，尤其須要考量脅迫行為人對其所欲促成之意思表示是否具有正當利益，以及依脅迫之方法實現此項利益是否適宜而判斷之。請參閱王澤鑑，《民法總則》，自版，2000 年 9 月，頁 428。

被脅迫而為意思表示者，表意人得撤銷其意思表示（民 92 I）。此項撤銷權之行使，只須表意人以意思表示為之，不以一定之方式為必要。❻表意人被脅迫而為之意思表示，其內容如違反強行規定或違背公序良俗時，依民法第 71、72 條之規定即當然無效，表意人無再行使撤銷權之必要。被脅迫而為負擔債務的意思表示的表意人，除得依第 92 條規定撤銷意思表示，使其債務歸於消滅外，如其事實同時符合第 184 條的要件，而表意人同時亦為侵權行為的被害人時，被害人依法亦有損害賠償請求權。第 93 條關於撤銷權的除斥期間經過後，被害人仍得依第 197 條規定，本於侵權行為的損害賠償請求權，請求廢止加害人所取得的債權，即使損害賠償請求權已罹於第 197 條的消滅時效，被害人依第 198 條規定仍有抗辯權，仍得拒絕履行該項債務。

詐欺與脅迫雖然都是意思表示不自由的原因，且表意人均得據以撤銷其意思表示，使其意思表示歸於無效，❻但以其壓制表意人的意思自由的程度而言，脅迫的違法性顯較詐欺更為嚴重，故法律上對於被脅迫人亦提供較周密的保護。比較民法關於因被詐欺及被脅迫而為意思表示的規定，可發現其有下列不同之處：

⑴行為人為第三人時，撤銷權的要件不同：脅迫行為不論由第三人或相對人為之，表意人均得加以撤銷；詐欺行為如係由第三人所為者，以相對人明知其事實或可得而知者為限，始得撤銷（民 92 I）。

⑵撤銷對於善意第三人的效力不同：被脅迫而為意思表示，其撤銷得以之對抗善意第三人；被詐欺而為意思表示，則不能對抗善意第三人（民 92 II）。

⑶撤銷權除斥期間的起算時不同：被脅迫而為意思表示者，自脅迫終止後一年內撤銷之；被詐欺而為意思表示則自發現詐欺後一年內撤銷之。但意思表示後已經過十年者，均不得撤銷（民 93）。被詐欺者有可能不知悉其被詐欺，故自發現詐欺時起算；被脅迫者不可能不知悉其被脅迫的事

---

❻ 參照最高法院 58 年臺上字第 1938 號判例。

❻ 參照最高法院 90 年臺上字第 1237 號判決。

實，但因其在被脅迫中無法行使撤銷權，故自脅迫終止時起算。所謂脅迫終止，係指表意人因脅迫而為意思表示完成時，脅迫行為即為終止。 **❷**

第四節　　意思表示的解釋　*four* ● ●●

　　意思表示的內容，有時因為表意人表達能力的有限，以及對於所使用的語言文字各方理解有差異，並不十分明確完整，當事人間對其內容可能發生疑義或爭議，此時即需以解釋的方法確定其內容。解釋意思表示的目的，不僅在闡明不明確的意思表示，同時也能補充不完備的意思表示，或對於被誤解的意思表示予以更正。意思表示的解釋，就其在闡明當事人已經表示的意思的正確含義，乃是發現意思表示的真實內容，故屬於事實認定的問題；不過，意思表示的解釋也有其應適用的法令、論理法則或經驗法則，如發生違反與否的爭議，則屬於法律適用的問題。 **❸**

一、解釋的方法及原則

　　意思表示的解釋與法規的解釋的原因類似，但其解釋的原則並不相同。解釋法規的目的在探求規範目的，注重法規文字的客觀文義，強調法規適用的普遍性與安定性；解釋意思表示的目的決定意思表示的效力內容，注重表意人的真意，強調法律行為的當事人間的具體公平正義。意思表示是法律行為的效力的基礎，故當事人如就其意思表示究竟應發生何種法律效果發生爭議時，除應探求表意人究竟要發生何種私法上的效果之外，也應考慮相對人對其內容理解的程度，才能合理衡量當事人的利益，並分配對意思表示的內容認知不同的風險。意思表示的解釋也因此在實務上成為重要的課題。

　　意思表示的目的是要發生一定的法律效果，表意人將其內心的效果意

---

❷　參照最高法院 80 年臺上字第 1270 號判決。

❸　參照最高法院 83 年臺上字第 2118 號判例。

思透過表示行為對外表示，遇有爭議而應由法院解釋時，民法於第 98 條規定：「解釋意思表示，應探求當事人之真意，不得拘泥於所用之辭句」。解釋意思表示或探求當事人真意時，須衡量的因素很多，無論是當事人的主觀願望、語言文字的因素、法律行為時的其他各種客觀因素等，都應該包含在內。通常當事人的特約即為具體的真意，在不違背強行規定或公序良俗的前提下，為解釋意思表示的重要標準。當事人的特約在不違反強制或禁止規定的範圍內，有拘束當事人的效力，並排除一般規定的適用。當事人無特約時，一般民事法規也即任意法規，可作為解釋並補充意思表示的標準。

從司法實務的角度言之，有關意思表示的認定問題大致有三個層次：㈠某特定的行為（作為或不作為）是否為意思表示？㈡當事人如對意思表示的內容有爭議，應以何種解釋方法予以確定？㈢意思表示如有漏洞，應如何予以補充？ ❻對於上述各層次的問題，在最高法院的實務案例中也有予以詳盡說明者，例如 88 年臺上字第 1671 號判決即包含下列重點：

㈠「解釋意思表示應探求當事人之真意，不得拘泥於所用之辭句，民法第九十八條定有明文。意思表示不明確，使之明確，屬意思表示之解釋；意思表示不完備，使之完備，屬意思表示之補充。前者可減少爭議，後者可使意思表示之無效減至最低程度。」

㈡「意思表示解釋之客體，為依表示行為所表示於外部之意思，而非其內心之意思。當事人為意思表示時，格於表達力之不足及差異，恆須加以闡釋，至其內心之意思，既未形之於外，尚無從加以揣摩。故在解釋有對話人之意思表示時，應以在對話人得了解之情事為範圍，表意人所為表示行為之言語、文字或舉動，如無特別情事，應以交易上應有之意義而為解釋，如以與交易慣行不同之意思為解釋時，限於對話人知其情事或可得

---

❻ 王澤鑑，《民法總則》，自版，2000 年 9 月，頁 432～433。但有認為意思表示的解釋及補充的區分，即前者係不明確意思表示的闡明，後者係意思表示缺漏的填補，僅具有學理上的價值，因其界限在事實上頗不易劃分，在我國民法似不必作此區分者。如施啟揚，《民法總則》，自版，2005 年 6 月 6 版，頁 231。

而知，否則仍不能逸出交易慣行的意義。」

㈢「解釋意思表示端在探求表意人為意思表示之目的性及法律行為之和諧性，解釋契約尤須斟酌交易上之習慣及經濟目的，依誠信原則而為之。關於法律行為之解釋方法，應以當事人所欲達到之目的、習慣、任意法規及誠信原則為標準，合理解釋之，其中應將目的列為最先，習慣次之，任意法規又次之，誠信原則始終介於其間以修正或補足之。」

由以上可知，解釋意思表示時所要探求的「當事人之真意」，在無相對人的意思表示，固然應以表意人的主觀意願為根本，但在有相對人的意思表示，則亦應顧及相對人了解的可能性，以探求表示行為的客觀意義。故解釋遺囑時，應完全以遺囑人的用語及意思為準，即採主觀解釋方式為之，例如書立繼承權放棄證書時，兩造只知遺產有三〇、三二號土地，均不知尚有其他不動產之遺產，解釋上應認為當事人書立繼承權放棄證書時，其主觀認識上，應無保留對其他不動產繼承權之意思。❻❺

向不特定相對人所為的意思表示（如懸賞廣告時），其解釋應以其對象範圍內，一般人所具有的「了解可能性」為標準，並應注重其地區用語、職業術語、交易習慣等情況；向特定相對人所為的意思表示，其解釋應酌斟特定相對人的理解可能性，即應依其身分、職業、法律行為種類、使用語文、其可得期待的注意程度等，以相對人可得了解的內容綜合認定之。至於對於意思表示的欠缺為補充，或以解釋之名而為「補充解釋」時，則應探求當事人在當時的情況下，預料將會表示的「假設的當事人意思」，以補充意思表示內容的不足。❻❻

二、司法實務的案例

最高法院在其實務案例中，對於意思表示解釋的原則及具體內容，曾有許多值得注意的說明，以下僅再就實務案例所涉及之原則，歸納為數項並析述之：

---

❻❺　參照最高法院 91 年臺上字第 512 號判決。

❻❻　王澤鑑，《民法總則》，自版，2000 年 9 月，頁 435。

㈠契約解釋以明示之意思優先

民法所稱當事人真意，是指當事人已經表示於外部的效果意思，而非當事人隱藏於內心的意思，因為尚未表示的意思，尚未引起當事人的信賴及信任，並非此處之「真意」。解釋意思表示首先以一般文義為準，倘文字業已表示當事人真意，無須別事探求者，即不得捨此文字更為解釋，**⑰**例如預售屋買賣的當事人如已就完工日期與交屋日期分別為約定，即不得再認為其所約定之完工日期即為交屋之給付期限，**⑱**再如當事人如約定「雙方同意於結清已推廣之拆帳後，本合約無條件解除」，則不應再認為「結清已推廣之拆帳」並非行使終止權之條件；**⑲**當事人的真意若確實與法律之規定不同，法院亦不得捨當事人之特別約定，而遷就法律所規定之有名契約內容予以比附適用。**⑳**

㈡契約之真意應斟酌訂約時之所有情況

解釋契約應探求的真意，是指表意人在訂約時的真意而言，解釋時除採文義解釋之外，亦應兼採論理解釋，並應斟酌訂約時的所有相關事實，通常應以當時之事實及其他一切證據資料，為判斷其真意之標準，不能拘泥字面或截取書據中一二語，任意推解致失真意。**㉑**例如當事人之協議書第 3 條約定：「乙方同意自標得右揭房屋之日起九年內，乙方不得要求甲方拆屋改建，惟如逾九年，甲方仍未拆除右揭房屋時，乙方即得逕行拆除改建。」所謂「得逕行拆除改建」應指乙得不待甲之協助自行將土地上之系爭

---

⑰ 參照最高法院 17 年上字第 1118 號判例、58 年臺上字第 2826 判例。

⑱ 參照最高法院 92 年臺上字第 2486 號判決。

⑲ 參照最高法院 91 年臺上字第 1443 號判決。

⑳ 參照最高法院 91 年臺上字第 2405 號判決。

㉑ 參照最高法院 95 年臺上字第 1087 號判決。最高法院根據民法第 98 條，而指出契約之解釋不宜斷章取義者，至少有 19 上字第 58 號判例、18 年上字第 1727 號判例、19 年上字第 28 號判例、19 年上字第 453 號判例、39 年臺上字第 1053 號判例、49 年臺上字第 303 號判例等。

房屋拆除，在該土地上建築房屋而言，無由曲解為甲負有拆除房屋並將土地交付乙之義務。❼❷

在 91 年臺上字第 2257 號判決中，當事人對買賣契約約明「依現況出售」系爭房地的「現況」的解釋發生爭議，最高法院認為所謂「現況」並非當然即為契約訂立時系爭建物之現狀，並指出：「系爭買賣契約第八條之所以記載『現況』，係因八十二年九月二十二日被上訴人與掌上公司及系爭大樓原住戶委員三方協調，掌上公司負責人徐明德指出一樓地板裝設大理石部分，於點交時為減少損失得依現況交屋，其他部分應依建築法規定以竣工圖為準，及證人即參與該次會議之劉學銘所稱『所謂依現況交屋，即係依照原設計之竣工圖即申請建照之設計圖，依合於建築法規之現況交屋，即大理石部分不拆，其餘要按照原設計，八十二年九月二十二日之會議紀錄已記載清楚，是協調好才同意買賣』」。

㈢當事人使用之法律術語僅供參考

當事人之意思表示如使用法律術語，應僅作為「事實」，其究竟應發生何種法律效果，仍應由法院適用法律以決定之，不宜以當事人之用語為準。此即第 98 條所謂「不得拘泥於所用之辭句」之意。故即使當事人誤將抵押權稱為質權，仍應將其視為抵押權；❼❸契約即使載有出典字樣，核其內容既有月息之約定，又係以一部分租金抵充利息者，可認為與抵押權之設定相當；❼❹合約內所列之「副署人」，並不當然是參加契約之另一當事人，故其在法律上應負如何之責任，須視契約當事人在當時之真意如何而定；❼❺當事人之和解書約定：「土地之承買權視為放棄」，即指土地之買賣契約全部失其效力。❼❻不過，如雙方學歷、社會經驗俱佳，訂立該契約書顯經深

---

❼❷　參照最高法院 86 年臺上字第 1168 號判決。

❼❸　參照最高法院 28 年上字第 598 號判例。

❼❹　參照最高法院 39 年臺上字第 207 號判決。

❼❺　參照最高法院 43 年臺上字第 577 號判例。

❼❻　參照最高法院 79 年臺上字第 2080 號判決。

思熟慮，契約文字已表示當事人之真意為土地租賃，即不應再探求為買賣。**⑦**

㈣當事人使用之非法律用語，宜依法律規定解釋之

當事人之意思表示，僅須表達其內心之真意，至於其意思在法律上之評價，則應由法院以法律之術語予以解釋，或將其涵攝於法律的規定之中。例如典契之內所載「自典之後或湊或贖，聽憑原主之事，與甲無干」字樣，可解釋為典權之讓與；**⑧**註記「取當死當均照國例」字樣的典權，可解釋為未定期限之典權；**⑨**借據上記載「茲向甲所借的錢，我們兄弟負責償還。」其所用辭句雖無「保證」字樣，然所謂「我們兄弟負責償還」實即立據人間互相就所欠債務保證償還之意。**⑩**

㈤習慣可作為解釋的標準

不論為各地習慣或各行業習慣，如不違反強行規定或違背公序良俗，均得作為解釋意思表示的標準。故如地方上有以書立賣契出典不動產的習慣，書立賣契亦可被認為是典權之設定；**⑪**在預售屋之買賣交易習慣上，「私有面積」除室內面積外，尚包括「小公」設施應有部分之面積時，建築業者所繪製之平面圖上標明之「私有面積」，解釋上應指包含「小公」之面積。**⑫**

㈥解釋意思表示應考慮法律行為之目的

當事人為意思表示或法律行為的目的，可能是要達成特定經濟上、精

---

⑦ 參照最高法院 85 年臺上字第 3057 號判決。
⑧ 參照最高法院 33 年上字第 206 號判例。
⑨ 參照最高法院 32 年上字第 5615 號判例。
⑩ 參照最高法院 84 年臺上字第 2684 號判決。
⑪ 參照司法院 28 年院字第 1897 號解釋。
⑫ 參照最高法院 87 年臺上字第 2718 號判決。

神上或道德上的目的，當事人的真意通常與此等目的密不可分，故解釋時應予以合理考慮。例如遺產處理協議書主要是要公平分配遺產，故其記載：「同意將系爭土地獻出交予公證人士（代書）評定時價」等語時，所謂公正（該協議書誤載為公證）人士（代書），則應係指能評定土地價值之公正之人而言，而非以具備代書身分者為限。❽

㈦解釋意思表示應考慮誠信原則

誠實信用原則是行使權利、履行義務的重要指導原則（民148），同時也是解釋意思表示的重要原則。德國民法第157條明定「契約之解釋應斟酌交易習慣，依誠實信用原則為之」。日本民法第92條也設有相同旨趣的規定，契約內容有不明確或疑義時，應依此原則而為解釋及補充。我民法雖未設有相同旨趣的規定，法院在解釋意思表示時，除應依文義及論理的方法推求當事人的真意之外，並應斟酌其經濟目的及交易習慣，本於經驗法則，基於誠信原則而為判斷。最高法院在若干案例中均明確採取此一見解，值得贊同。

例如在最高法院93年臺抗字第733號裁定中，當事人就發票日載為「民國二〇〇三年九月三十日」的本票，該年號究指西元或民國發生爭議，最高法院認為西曆與國曆常有混用情事，故如依一般社會通念，就本票文字之內涵為合理之觀察，認系爭本票所載「民國二〇〇三年」實為「西元二〇〇三年」，並無不當。最高法院在下列理由中並指出誠信原則為解釋的標準：票據為文義證券，票據上之權利義務，固應遵守票據之文義性，基於「外觀解釋原則」與「客觀解釋原則」，悉依票據記載之文字以為決定，不得以票據以外之具體、個別情事資為判斷資料，加以變更或補充。惟依該「客觀解釋原則」，解釋票據上所載文字之意義，仍須斟酌一般社會通念、日常情理、交易習慣與誠信原則，並兼顧助長票據流通、保護交易安全，暨票據「有效解釋原則」之目的，就票據所載文字內涵為合理之觀察，不得嚴格拘泥於所用之文字或辭句，始不失其票據文義性之真諦。

---

❽　參照最高法院88年臺上字第1940號判決。

又如在 86 年臺上字第 2191 號判決中，當事人間代理企劃行銷之合約書第 13 條定明：「銷售佣金皆以每坪乘新臺幣壹拾萬伍仟圓做為佣金請款之依據，銷售金額達百分之七十以下，以百分之五計算，總銷售金額達百分之六十以上，則以百分之六計算內（含營業稅）。」雙方對於銷售之總金額占總銷售金額約百分之十四時，是否得請求「佣金」發生爭議，最高法院之下列理由亦係基於誠信原則而採肯定見解：「否則，如上訴人之報酬給付請求權，必於被上訴人收款達八千萬元或總銷售額達六成時始發生，則於上訴人縱配合被上訴人收款達七千九百萬元或總銷售額達五成九時，上訴人仍無報酬給付請求權，該約定是否有失情理之平，而為當事人訂立上開條款之真意所在，非無進一步研求之餘地。」

(八)實務上常以意思表示解釋之名，行意思表示補充之實

在最高法院的實務上，直接對於當事人的意思表示予以補充者，並不多見，但在有些案例中，最高法院對於契約未明文約定的事項，亦以意思表示解釋或探求當事人真意之名（即補充性解釋），行意思表示補充之實。[84]例如在最高法院 50 年度臺上字第 1158 號判決中，表意人在租約上載明禁止將基地轉讓他人使用之特約，對於該特約之禁止效力是否及於房屋的問題，最高法院指出：「依民法第九十八條規定，解釋意思表示應探求當事人之真意。租約上既有禁止將基地轉讓他人使用之特約，而當時基地上只有系爭房屋並無其他空地，房屋與基地復有連鎖關係，不能離開基地而單獨占用房屋，則禁止轉讓基地與他人使用之特約，如不包括房屋在內，則將毫無意義，徒成具文。」

---

[84] 參照最高法院 91 年臺上字第 2537 號判決、92 年臺上字第 1131 號判決。

第五節　　　　　案例解析

案例 1

　　甲有 A 地，出租給乙建築木造房屋使用，後來房屋失火燒毀，乙遲延而尚未給付的租金已達二年，甲乃數度以存證信函催促乙於一週內給付租金，並表示否則終止租賃契約，但均被郵局以「空屋」或「查無此人」為由予以退回。甲後來親自到乙的住處，並以言詞向乙之妻丙催收乙所欠的租金，並表示乙如未於一週內給付租金，即終止租賃契約。如丙未向乙轉達甲口頭表示的內容，乙也沒有任何表示，甲乃直接向法院起訴，請求乙拆屋還地並返還相當於租金的不當得利，請問甲的請求有無理由？

● 解　析

　　本案例係參考最高法院 86 年臺上字第 3742 號判決。甲的請求如有理由，應是根據民法第 767 條所有人物上請求權的規定，並以乙無權占有原來承租的 A 地為前提。倘若乙與甲之間關於 A 地的租賃契約仍有效存續，乙即為有權占有，甲的請求亦無理由；倘若甲已依法終止該租賃契約，乙即為無權占有，甲的請求亦有理由。

　　本例中的甲如有終止權，應是以民法第 440 條的下列規定為依據：「承租人租金支付有遲延者，出租人得定相當期限，催告承租人支付租金，如承租人於其期限內不為支付，出租人得終止契約。租賃物為房屋者，遲付租金之總額，非達二個月之租額，不得依前項之規定，終止契約。其租金約定於每期開始時支付者，並應於遲延給付逾二個月時，始得終止契約。租用建築房屋之基地，遲付租金之總額，達二年之租額時，適用前項之規定。」甲的終止權發生的要件有二，即⑴甲應已定相當期限向乙催告，⑵乙有遲付租金之事實，其總額並已達二年之租額。在本例中發生問題者，是甲是否已定相當期限向乙催告？

　　最高法院於本判決指出：「民法第四百四十條第一項所謂支付租金之催告，

屬於意思通知之性質，其效力之發生應準用同法關於意思表示之規定。」意思通知是「準法律行為」的一種，故催告應「類推適用」關於法律行為的規定，但催告或其他準法律行為亦均以意思表示為要素，而其意思表示與法律行為的意思表示並無不同，故應直接「適用」（而非準用）民法關於意思表示的規定。因此，最高法院上述見解仍值得商榷。

本條的催告未限定方式，故無論以口頭、書面或其他方式為之，均無不可。甲對乙之妻丙為對話之意思表示，於丙了解時發生效力（民 94），但該催告應以承租人乙為相對人，丙對於該催告之意思表示，似無代乙受領之權限，故至多只能當作是甲對乙的非對話的意思表示。非對話為意思表示者，其意思表示，依民法第 95 條第 1 項前段規定，以通知達到相對人時發生效力，故關鍵在於該條催告之通知是否已「達到」承租人乙？

最高法院關於「達到」的定義及標準，已曾數度表示見解。本件判決亦指出：「所謂達到，於表意人係以書面等物件為意思表示時，固以其意思表示達到相對人之支配範圍，置於相對人隨時可了解其內容之客觀狀態為已足，而不問相對人之閱讀與否，即發生為意思表示之效力。惟於表意人係以言詞（口頭）之非書面等物件，於相對人住所向相對人之家屬或其受僱人等為表示時，因該家屬等未必轉達，且其情形又非如書面等物件得置相對人於隨時可了解其內容之客觀狀態中，應以相對人已獲知其意思表示時，始可謂為達到。」

根據上述標準，由於甲之催告並非向乙本人為之，而丙亦未將甲該限期催告給付欠租之情事轉達乙，使乙獲知其限期催告之情事，故應認為甲並未對乙為催告，尚不得終止租賃契約，甲之請求並無理由。

案例 2

　　甲僱用乙為作業員。丙向甲檢舉，指稱乙曾性騷擾女員工，並有不適任情事，甲於會議中提出討論，要求乙自請離職。乙最初否認指控之情事並拒簽協議書，甲向乙表示，若乙自請離職，將保留技術股、獎金等福利予乙，且對外表示乙係因健康等其他因素自請離職；如遭甲解僱，乙將無法享有該福利，盼乙自行離職。乙礙於各種壓力，當場簽下離職協議書。事後，乙認為甲以勸告

乙自行離職或合意終止之方式，來取代甲對乙行使懲戒權，若乙不自行離職，則甲將對其行使懲戒權之情形，乃是民法第 92 條規定之脅迫，而向甲表示撤銷其關於離職協議書之意思表示。請問：乙的撤銷有無理由？

◑ 解　析

　　本案例之乙得否撤銷關於離職協議書之意思表示，端視其情形是否符合民法第 92 條「因被脅迫而為意思表示」之要件而定。是否被脅迫之問題，在訴訟上同時涉及事實認定及法律適用的問題，宜由法院臨案審斷，綜合各種因素予以認定。

　　民法第 92 條規定之「被脅迫」有四項要件：⑴須有脅迫行為，⑵須相對人因脅迫發生恐怖及為意思表示（有因果關係），⑶須脅迫人有脅迫之故意，⑷須其脅迫係屬不法。本案例甲的行為應屬脅迫行為，乙因甲之脅迫而為意思表示，甲亦有要使乙自願辭職的故意，可謂已符合前三項要件，有問題的是乙所受之甲之脅迫，是否具有不法性？按脅迫的不法性包含三種情形：⑴手段不法，⑵目的不法，⑶手段與目的關連之不法。在本案例中，乙的自願辭職及甲的依規定處理乙疑似性侵害的事件，均非不法，即其手段及目的均無不法情形，且其手段及目的之間具有內在關係，故宜認定甲的脅迫不具不法性。故乙不得依民法第 92 條，撤銷關於離職協議書之意思表示。

　　在我國司法實務上，臺灣臺北地方法院 97 年勞訴字第 118 號民事判決有下列見解，可供參考：法院認為意思表示是否受到脅迫而得撤銷，仍需視為表意人為意思表示之當下，相對人是否以不法危害之言語或舉動加諸表意人為斷；若相對人係行使合法權利，且手段與目的關連未失平衡，縱相對人以表意人不為意思表示，將採取其他合法權利等語，要求表意人選擇，亦難認有何脅迫情事可言，否則若允許表意人動輒以意思表示不自由而主張撤銷，將陷私法行為之安全於不確定狀態，蓋任何人在面臨利益衡量之兩害相權取其輕情狀下，皆有價值判斷與選擇問題，得否謂只要有利益衡量之價值判斷與選擇，意思表示必陷於不自由狀態，而不問相對人採取之手段、目的、關連性是否不法，此應非民法第 92 條規範之真意。

案例 3

　　甲因不法使用乙已取得之「噴樂」、「虎頭圖」等商標圖樣，經乙提出刑事告訴後，雙方簽訂和解書，其約款包含下列四點：一、甲自和解成立後同意所產製藥品不得使用「虎頭圖」商標圖樣，並願放棄善意先使用之權利，以杜糾紛；並保證絕不使用上訴人註冊之「噴樂」商標圖樣，且同意上揭所有藥品不再使用「金絲」二字。二、甲同意嗣後於前揭產品不使用「藍綠橫條」之商標圖樣。三、甲願自和解成立後六個月內收回所生產銷售於市面之前列產品，並登報道歉。四、自和解成立六個月後，如乙查實甲產製之藥品，仍使用前述商標圖樣在市面上繼續產銷者，甲願賠償 500 萬元。乙後來在市面上購得甲所產製、疑似違約使用前述商標、文字或圖樣之「痠痛金絲膏藥布」，甲抗辯指出，該藥布並非「自和解成立後所產製藥品」，且乙「金絲及圖」之商標，係將「虎頭」、「藍綠橫條」、「金絲」三者並列為商標圖樣，甲僅使用「金絲」而已，並未違約。請問乙得否向甲請求賠償 500 萬元？

◐ 解　析

　　本案例的事實係參考最高法院 96 年臺上字第 286 號判決。乙如得向甲請求賠償 500 萬元，乃係以前述和解契約為依據，故該和解契約必須依法有效，且甲之行為必須符合其應賠償 500 萬元之約款之內容。本例中未提出該和解契約欠缺要件之情事，且其內容亦無違返強行規定或公共秩序善良風俗之情形，故應認為該契約有效成立。故所餘者乃是該契約應如何解釋，以決定甲的行為是否違約的問題。

　　民法於第 98 條規定：「解釋意思表示，應探求當事人之真意，不得拘泥於所用之辭句」。解釋意思表示或探求當事人真意時，須衡量的因素很多，無論是當事人的主觀願望、語言文字的因素、為法律行為時的其他各種客觀因素等，都應該包含在內。最高法院在本件判決亦指出：「所謂探求當事人之真意，如兩造就其真意有爭執時，應從該意思表示所根基之原因事實、經濟目的、一般社會之理性客觀認知、經驗法則及當事人所欲使該意思表示發生之法律效果而為探求，並將誠信原則涵攝在內，藉以檢視其解釋結果對兩造之權利義務是否

符合公平正義。」

　　最高法院根據上述原則指出：甲、乙因就和解之文義有所爭議，致有本件訴訟，自有就兩造簽訂和解書之真意為探求之必要，和解書既已載明甲「爾後所產製藥品不得使用」查扣物及刑事判決所示之「虎頭圖」、「噴樂」、「金絲」及「藍綠橫條」之商標圖樣，則凡經列入刑事案件所查扣之藥品即不得再生產銷售，甲若將其中部分標誌為增刪使用，仍屬違反和解之約定，而應負賠償責任，並非如甲所稱略為變更其中任一文字，即得再為使用，而使和解失其意義。

　　對於甲在訂定和解契約以前所產製的藥品，是否亦為和解契約的效力所及的問題，最高法院在本件判決採否定見解。其主要理由有二：⑴依一般社會之理性客觀認知及經驗法則，在甲係欲藉和解以免除刑責之緣由下，當僅以遭查扣而有爭議者為和解之標的，其他已生產多年而未查扣或有爭議，甚或有使用權之產品，並非和解之標的。⑵就和解之經濟目的觀之，乙提出刑事訴訟之目的，係在藉刑事處罰以排除甲侵害商標權之行為，並保障其商標之經濟利益。而甲同意和解之目的，則在於免除或減輕刑事責任，及往後可能民事賠償之不利益，其民事責任之損害賠償範圍既僅限於刑事案件所認定違反商標法部分之範疇，故兩造在和解當時有共識之部分應在於刑事案件所認定之範圍，不在刑事責任所得審理之部分，甲既無應承擔賠償責任之風險，當不致將其主動列入和解範圍，並願拋棄其權益，故系爭產品並非在和解之範圍內。

　　關於禁止使用的商標圖樣的範圍，最高法院指出：本件係因侵害商標權之刑事案件而衍生，而乙之商標主要特徵為「虎頭」，所謂「金絲」或「藍綠橫條」僅合併為該商標圖樣之一部分，若謂乙享有商標圖樣中之非特出部分，得單獨列出而為限制他人使用之依據，無異使商標專用權之範圍得以擴大，就權利之行使而言，即逾越其應有之保障，而使第三人受有相當之不利益。況「金絲」二字並不得註冊享有商標，「藍綠橫條」亦屬一般治療酸痛之相關藥品所常用之標誌，則解釋和解書之真意時，若不認為應將此部分文字與「虎頭」商標合併使用時，始有違約，反認為單獨使用此部分文字亦屬違約，其解釋結果對兩造之權利義務，顯失其衡平，尚難認與誠信原則相符。

　　綜上所述，乙雖主張系爭產品係在和解書所約定之範圍內而請求違約賠

償，然就該和解所根基之原因事實、經濟目的、一般社會之理性客觀認知、經
驗法則、法律效果意思為探求，並依誠信原則為檢驗結果，均不足為其有利之
認定。故乙的請求無理由。

第4章

條件及期限

　　當事人想要為某一法律行為，並依其意旨為意思表示後，原則上即發生當事人所欲發生的法律效果。但如當事人基於某種考慮，不希望其法律行為立即發生法律效力，或不希望已發生的法律效力永遠有效，並將此種想法作為其意思表示的內容時，該意思表示究竟應發生何種法律效果，亦為重要的課題。上述意思表示的內容，並未獨立成為另一法律行為的內容，且對法律行為本身而言，只是額外附加而改變其效力的條款，並非不可或缺的要件，在學理上稱為法律行為的附款 (Nebenbestimmung)。為貫徹私法自治及意思自由的原則，對於當事人希望改變其法律行為效力的效果意思，原則上亦應予以承認。

　　在我國民法上，法律行為的附款包含「條件」、「期限」及「負擔」三種。法律行為如附有附款，則其原來為法律行為要素的意思表示及當事人所附加的附款的意思表示，即合成一個法律行為，稱為「附條件的法律行為」、「附期限的法律行為」或「附負擔的法律行為」。法律行為中較常見的附款為條件與期限，規定在民法總則編中，附有負擔的法律行為較不普遍，主要為附有負擔的贈與（民 412～414），或附有負擔的遺贈（民 1205），規定在債編或繼承編之中。

第一節　　　　　　　　　　條　件
　　　　　　　　　　　　　　　　　　　　one ● ●●

一、條件的意義

　　條件是指當事人以將來客觀上不確定事實的成就或不成就，決定法律行為效力的發生或消滅的一種附款。條件不只影響法律行為效力的發生或消滅，其特徵是其事實具有發生與否的「不確定性」，例如當事人約定：「如果我中樂透彩頭獎，就送你 100 萬元」，「送你金庸的武俠小說《天龍八部》，但如果你沒考上國立大學法律系，就要還給我。」此等意思表示經對方承諾而成立贈與契約，但該契約的法律效力受到限制，前一種情形贈與 100 萬

元的契約的效力，要等到當事人中樂透彩頭獎時才發生效力；後一種情形贈與《天龍八部》的契約，雖已發生效力，但如相對人沒考上國立大學法律系，該贈與契約即失其效力。當事人能不能中樂透彩頭獎或考上國立大學法律系，都是不確定的事實，法律行為的效力如依當事人的意思表示，取決於此等事實的發生或不發生，即是「附條件」。

在現代社會中，有些法律行為是以一定事實的發生為給付的前提，例如保險契約是當事人約定，一方交付保險費於他方，他方對於因不可預料，或不可抗力之事故所致之損害，負擔賠償財物之契約（保險 1）；又如附條件買賣是買受人先占有動產之標的物，約定至支付一部或全部價金，或完成特定條件時，始取得標的物所有權之交易（動擔 26）。當事人對於一般法律行為附條件的最大作用，是在使行為人對於法律行為將來的效力，仍得在一定程度內予以控制，以適度分配其風險。

在工商社會中，當事人常以條件作為互相牽制及確保自己權利的方法，例如在最高法院 94 年臺上字第 1304 號判決中，對於工程界常見的保留款問題，最高法院即指出：「當事人約定承攬報酬按工作完成之程度分期給付，於每期給付時，保留其一部，待工作全部完成驗收合格後始為給付者，係對既已發生之該保留款債權約定不確定清償期限；倘其併約定工作如有瑕疵或承攬人有其他債務不履行之情形發生，定作人得逕自該保留款中扣除其因此所生之損害，則該保留款債權即屬附有解除條件之債權，於上開約定事由發生，就應扣除部分，因條件成就，其債權即當然歸於消滅，無待定作人另為抵銷之意思表示。」

條件一詞除在民法上有特別規定之外，一般口語上也常使用，但法律上的條件依其定義亦應符合一定的要件，茲再詳細析述其特徵如下：

(一)條件必須為當事人的意思所決定者

民法上的條件，是依當事人的意思，使一定事實的發生，影響法律行為效力的發生或消滅。相對於此種依當事人意思決定的「當事人條件」(Parteibedingung) 或「法律行為條件」(Geschäftsbedingung)，另外尚有性質

不同的「法定條件」(Rechtsbedingung, condicio juris)，即某種客觀事實的發生與不發生，「依法律規定」乃是法律效力發生的要件者，其與民法總則所規定的條件應予以區別。例如甲在遺囑中表示：「如我的幼子乙比我晚死，我的房屋就讓他繼承。」其中乙是否比甲晚死，固然並不確定，但該事實的發生乃是乙得以繼承甲的遺產的法定條件（民 1138），不是依甲的意思表示才影響法律行為的效力，故非民法規定的條件。

在最高法院的實務案例中，40 年臺上字第 229 號判例曾對於法定條件指出：「契約上附有法定條件者，為假裝條件，即與無條件同，故租約內所載，如屋主有取回之日，預早一個月通知等字樣，即與民法第四百五十條第三項之法定條件無異，殊難認為附有解除條件之特約。」本則判例所載當事人約定的內容，雖已指明其為「法定條件」、「假裝條件」，並非民法上的條件，但最高法院仍於 91 年度第 12 次民事庭會議決議予以廢止。❶

㈡作為條件內容的事實，須在客觀上具有發生與否的不確定性

1.既成條件

作為條件內容的事實，必須以將來的事實為限，如為過去的事實，必定是已確定發生或不發生者，即使表意人並不知悉其事實是否已經發生，也與附條件的法律行為有別。例如甲對乙表示：「如果你還沒有機車，我就送你一輛」，因為乙是否還沒有機車乃是過去的事實，故其法律行為並非附條件。

當事人如擬以過去的事實，作為條件內容的事實，依上述應非附條件的法律行為，但學理上仍將以已經實現或已確定不實現的事實，作為內容的條件，稱為「既成條件」。當事人在為法律行為時，如不知過去的事實已發生或確定不會發生，而仍然以「既成條件」為附款時，例如甲不知乙已育有一子，仍對乙表示：「只要你生育子女，我就送你黃金一兩」，此時我國民法對其法律行為的效力並未規定，如何處理，非無疑問。對此，日本

---

❶　決議係以當事人約定之內容並非條件，而予以廢止，其項見解與該判例之意旨並無衝突，似無予以廢止的必要。

民法第 131 條第 1 項下列規定可供參考:「條件於法律行為當時,已經成就者,其條件為停止條件時,其法律行為視為無條件,為解除條件時,無效。」

在我國司法實務上,最高法院 68 年臺上字第 2861 號判例對於附有「既成條件」的法律行為,是依「法理」而採取與日本民法類似的見解。本判例涉及的買賣契約當事人因其買賣的土地,一部分屬於道路預定地,一部分屬於建築用地,而屬於建築用地部分面積若干,能否申請建築房屋,不甚明確,乃載有「本件土地如未能建築房屋時,甲方得解除本件買賣契約,乙方應返還既收之價金與甲方」之特約。最高法院認為當事人的真意,是否為買賣契約附有條件,不無疑義,並指出:「法律行為成立時,其成就與否業已確定之條件(即所謂既成條件),亦即法律行為所附條件,係屬過去既定之事實者,雖具有條件之外形,但並無其實質之條件存在,故縱令當事人於法律行為時,不知其成否已經確定,亦非民法第九十九條所謂條件。我民法關於既成條件,雖未設明文規定,然依據法理,條件之成就於法律行為時已確定者,該條件若係解除條件,則應認該法律行為為無效。」

2.條件與期限的區別

作為條件內容的事實,也必須以將來其發生或不發生,在客觀上並不確定者為限;如果該事實將來一定會發生,即使表意人並不知悉其事實是否將會發生,也與附條件的法律行為有別。因為當事人為意思表示時,如無法認知其事實將來是否發生,即該事實的發生在一般情況下,具有客觀上的不確定性,該事實即為條件;如其事實將來必定會發生,即其發生具有客觀上的確定性,該事實即為期限。例如甲向乙表示:「若阿公逝世,就請返還借用的房屋」,因為阿公遲早必定死亡,該房屋使用借貸契約即為附期限,而非附條件;但如甲向乙表示:「若你結婚,我就送你一套傢俱」,由於乙是否結婚在客觀上並不確定,其贈與傢俱的契約即是附條件。

在最高法院 88 年臺上字第 1451 號判決中,當事人的合約有「全部工程完成,經正式驗收合格後付清尾款」之約定,業主乃以裝修工程仍有多項瑕疵,迄未改善,致正式驗收不合格,拒絕承包商之請求給付工程尾款。最高法院對其爭議指出:「按民法所謂條件,係當事人以將來客觀上不確定

事實之成就或不成就，決定法律行為效力之發生或消滅之一種附款，故使法律行為效力發生或消滅，為附條件法律行為之本質。倘當事人非以法律行為效力之發生，而僅以其履行繫於不確定之事實者，雖亦屬約款之一種，然此約款並非條件，應解釋為於其事實發生時，為權利行使期限之屆至。在此情形，若債務人因其違反誠信之行為致該事實不發生，應認其期限已屆至，方符公平。本件兩造固約定全部工程完成經正式驗收合格後付清尾款。惟被上訴人早已做完全部工程，而因上訴人延未履行其應行之驗收程序，致系爭尾款給付之清償期未能屆至，上訴人再以該事由拒付尾款，其履行債務之方法實有違誠信。」

　　3.不能條件

　　作為條件內容的事實，如果將來確定不會發生，也與該事實必須以將來其發生或不發生，在客觀上並不確定者為限的要件不符，不能認為其法律行為附有條件。不過，學理上對於此種以客觀上不能實現的事實，作為條件的內容者，例如甲對乙表示：「如果陽明山被搬到臺南，我就送你100萬元」的情形，仍然謂其所附者為「不能條件」。此類法律行為的效力在我國民法上並無明文規定，日本民法第131條第2項規定：「條件之不成就，在法律行為當時已確定者，其條件為停止條件時，其法律行為無效，為解除條件時，視為無條件。」該規定應可作為我國立法及實務上之參考。

　　我國司法實務上有與「不能條件」相關之案例。例如在最高法院52年臺上字第286號判例中，當事人甲疑似因醫療過失致人於死，於被害人乙向檢察官提起告訴後，與乙訂定和解契約，由甲交付一張支票給乙，並約定如主管機關不准和解或撤回刑事告訴時，乙應將該支票退還給甲，嗣因檢察官不准撤回告訴，該案亦以不起訴處分確定，雙方對於乙應否將該支票退還，發生爭議。最高法院指出：「被上訴人告訴上訴人過失致人於死案件，並非告訴乃論罪，依法不能撤回告訴，以此為和解契約之解除條件，自係解除條件為不能。而附解除條件之法律行為，於行為時已生效力，僅於解除條件成就時失效而已，是以解除條件為不能時，應解為其法律行為為無條件。故上訴人因和解給付支票與被上訴人之行為，即為無條件而為

給付，從而上訴人以被上訴人未依約返還已給付之支票，致使其蒙受損害而請求賠償，即嫌無據。」本則判例的當事人約定的條件有二：其中「主管機關不准和解」部分，固因與和解自由的原則相違，自始即無實現或成就的可能，為「不能條件」；「撤回刑事告訴」部分，亦因過失致人於死案件，並非告訴乃論罪，依法不能撤回告訴，亦為「不能條件」。故本則判例具有以法理補充現行民法規定不足的重要功能，惟最高法院 91 年度第 12 次民事庭會議以下列理由，決議廢止本則判例：「本件和解契約所約定之條件為既成條件，並非不能條件」。

㈢作為條件內容的事實，其發生與否須影響法律行為的效力

1.條件與負擔的區別

由於作為條件內容的事實的範圍很廣，當事人有時會對法律行為究竟為有償契約或附有條件的贈與契約發生爭議，此時宜綜合各種情況探求當事人真意。例如在最高法院 91 年臺上字第 905 號判決中，當事人甲委託乙為其辦理再訴願事宜，約定甲先付新臺幣 5 萬元酬金，若經再訴願而能提高補償費，甲應另依所增加補償費之百分之 25 計算酬金與乙，後來雙方對於後一酬金之約定之性質發生爭議。最高法院即採前述見解，並指出：「附條件贈與契約乃附有條件之贈與契約，性質上與委任契約不同，原審認兩造附條件之酬金贈與契約，係訂立於委任契約內，贈與之酬金乃處理委任事務之報酬，附條件贈與契約屬同一委任契約，所持法律見解尚有違誤。」

條件與負擔在性質上都是附款，其區分有時並不容易。例如男方因訂立婚約而贈與女方的「聘金禮物」，在民法未明文規定其與婚約履行之關係前，最高法院判例曾認為「此種贈與，並非單純以無償移轉財物為目的，實係預想他日婚約之履行，而以婚約解除或違反為解除條件之贈與」（最高法院 47 年臺上字第 917 號判例），也曾認為「婚約之聘金，係附有負擔之贈與」（最高法院 47 年臺上字第 1469 號判例），民法增訂第 979 條之 1 後，最高法院 85 年 10 月 8 日第 15 次民事庭會議始決議不再援用前述二則判例。

　　條件與負擔的區別在實務及理論上仍有其意義。以上述因訂立婚約而贈與「聘金禮物」為例，如為附負擔的贈與，贈與人於贈與後如要請求返還聘金禮物，即須先撤銷贈與契約，如為附解除條件的贈與，於條件成就時，贈與契約即失其效力，受贈人負有返還聘金禮物的義務。上述二種見解，如從婚約的本質及當事人的真意來看，應以附解除條件的贈與的見解較妥，因為當事人在訂定婚約之後，依法仍無結婚的義務（民975），自然也不宜以結婚為贈與的負擔，而且當事人通常也沒有要以聘禮「綁」結婚，而將結婚視為買賣之意。❷

　2.條件與履行條款的區別

　　作為條件內容的事實，必須以其發生與否影響法律行為的效力者為限，始得以民法上的條件稱之。故法律行為之是否附有條件，應依其意思表示的實際內容決定，並非當事人有使用「條件」的詞句者，即為條件。例如一般交易中常見的「訂約條件」、「買賣條件」，有時其實際內容乃是指契約的「條款」、「要件」或「效力內容」而言，在適用法律時即不得以民法的「條件」視之。

　　目前司法實務上對於特定的事實，究係清償期或條件的約定，均認為應嚴予區別。❸但在最高法院的實務案例上，對於特定的契約條款發生其是否為條件的疑義時，也曾經提出錯誤見解。例如在最高法院46年臺上字第656號判例中，當事人就系爭池沼訂定買賣契約，約定買受人甲先交價金三分之一，其餘三分之二，俟出賣人乙就該地池沼繼承完畢，並將一切移轉登記書類備妥交付甲之後即行找清（付清價金），惟如甲未獲繼承時，雙方買賣作為打銷，定金返還，是該項買賣契約，最高法院原來認為其顯係附有以甲就該池沼確有繼承權，並辦理繼承登記時為發生效力之停止條件，並選定其為判例，後來最高法院91年度第12次民事庭會議以下列理由，決議廢止本則判例：「本則判例所載當事人約定的內容並非條件」。❹

---

❷　王澤鑑，《民法總則》，自版，2000年9月，頁452。

❸　參照最高法院94年臺上字第894號判決、93年臺上字第1600號判決、94年臺上字第1609號判決、95年臺上字第2750號判決。

㈣作為條件內容的事實，不得欠缺合法性或妥當性

　　條件雖然不是法律行為的要件，但也以意思表示為要素，所以作為條件內容的事實如為行為，也不得違反法律的強制或禁止規定或有背於公共秩序善良風俗。故當事人如約定以殺人、販毒、其他犯罪或不法的行為，作為條件的內容，應非法律所允許；如約定的條件未違反強制或禁止規定，卻有背於公共秩序善良風俗的行為，例如以無配偶之男女之同居，作為條件的內容時，該條件（同居）雖未違反強制或禁止規定，仍與當前之善良風俗牴觸，故難謂妥適。當事人的法律行為所附的條件，如為上述欠缺合法性或妥當性的行為，應不得認為是民法上有效的條件，即使其所附的條件，是以「不為」欠缺合法性或妥當性的行為，由於欠缺合法性或妥當性的行為，依法律規定根本「不得」為之，欠缺作為條件的行為所應具備的「得為」、「得不為」的前提要件，故當事人無論以其「作為」或「不作為」當作條件，均與法律的強制或禁止規定及公共秩序善良風俗的本旨相違，自無允許之理。

　　上述「條件」在學理上被稱為「不法條件」，其與前述既成條件及不能條件，均具有條件的外觀形式，且欠缺作為條件的實質內涵，故被統稱為「表見條件」、「非真實條件」或「假裝條件」。不法條件在我國民法上並無明文規定，法律行為如附有不法條件者，其效力之認定不無疑義。日本民法第 132 條規定：「附不法條件之法律行為，無效。以不為不法行為為條件者，亦同。」此一規定原可作為我國的法理，以補充法律的漏洞，惟在司法實務上，最高法院似係直接適用民法第 71 條及第 72 條處理上述問題。

　　例如在最高法院 65 年臺上字第 2436 號判例中，當事人甲將土地贈與

---

　❹　應與本判例之事實區別者，為最高法院 87 年臺上字第 89 號判決：「不動產買賣契約縱附有賣方應於辦理繼承登記完畢，買方始支付價金及請求產權移轉登記之約定，亦屬附有以辦畢繼承登記為發生效力之停止條件問題，如賣方拒不辦理繼承登記，以不正當之消極行為阻其條件成就，依民法第一百零一條第一項規定，應視為條件業已成就，買方非不得行使其請求權。」

同居人乙，雙方對於其是否附有終止同居關係時應歸還甲之約定，發生爭議。最高法院認為甲為有婦之夫，涎被乙之女色，誘使同居，而將系爭土地之所有權移轉登記與乙，「復約定一旦終止同居關係，仍須將該地返還，以資箝制，而達其久佔私慾，是其約定自係有背善良風俗，依民法第七十二條規定應屬無效」，甲依據此項約定，訴請乙移轉系爭土地之所有權殊非正當。本則判例之見解，係就條件之約定而為判斷，並認定其為無效，而非認定附不法條件的法律行為，即土地贈與契約為無效，故就規範之內容而言，其實與日本民法並不相同。❺

二、條件的種類

㈠停止條件與解除條件

停止條件與解除條件是我國民法上條件最重要的分類。停止條件為限制法律行為發生效力的條件，附停止條件的法律行為，於條件成就時始發生效力（民 99 I）。例如甲向乙表示，如國曆 11 月有颱風登臺，即免費招待乙前往香港旅遊三日；或甲向乙表示，如乙當選立法委員，即免費提供房屋為選民服務處等是。以上二例是以國曆 11 月有颱風登臺或乙當選立法委員，為法律行為生效的停止條件。停止條件的實質內容，由上述設例可知，是法律行為在條件成就才開始生效，故為「開始條件」(Anfangsbedingung)。我國民法以「停止」為名，與「開始」在一般語義上相去甚遠，故如對其用語望文生義，頗有引起誤會的可能。

解除條件在學理上又稱為「終止條件」(Endbedingung)，是促使法律行為的效力因其成就而歸於消滅的條件，故附解除條件的法律行為，於條件成就時失其效力（民 99 II）。例如甲向乙表示：「如果你結婚了，現在借你住的套房就請還給我。」或「如果你今年冬天不去長白山，請就把我送你的雪衣還給我。」在此二例中，雙方約定時套房的使用借貸契約及雪衣的贈與

---

❺　關於本則判例之討論，請參閱王澤鑑，〈以同居為條件之贈與及不法原因給付〉，《民法學說與判例研究㈢》，自版，1982 年 8 月再版，頁 121 以下。

契約都已成立而且發生效力，乙也都可以使用，但如乙結婚或今年冬天不去長白山，前述契約即失其效力，乙不必再經甲的任何意思表示，即有義務歸還套房或雪衣，故乙結婚或乙今年冬天不去長白山，即為解除條件。

㈡積極條件或消極條件

積極條件和消極條件在民法上未予以規定，但學理上通常有此區分。當事人如以某種事實的發生為條件的內容，其條件即為積極條件。例如當事人以颱風登臺、某人當選立法委員、某人結婚為條件，即為附積極條件。當事人如以某種事實的不發生為條件的內容，其條件即為消極條件。例如當事人以颱風不來、某人不去長白山、某人戒菸（不抽菸）為條件，即為附消極條件。積極條件或消極條件皆可為停止條件或解除條件，同一事實究竟要以其發生或不發生為條件，或要以其為停止條件或解除條件，均以當事人的意思表示為準。

㈢隨意條件、偶成條件、混合條件

作為條件內容的事實，其種類包含甚廣，從出生、下雨、颱風、地震等自然事實，股票指數上萬點、國民黨的立委總數達三分之二等經濟或政治事件，支付價金、出國進修、債務不履行、擔任保證、遷讓房屋、考試及格等當事人或第三人的行為，到行政機關的許可、核准等其他情形，均得作為條件的內容。

上述條件依其與當事人意思決定的關係的不同，在學理上又分為隨意條件、偶成條件及混合條件。作為條件內容的事實，如依當事人一方的意思，即可決定其成就與否者，其條件即為隨意條件，例如甲向乙表示，「如果你願意當天來回臺北、高雄，我就買高鐵的票供你搭乘。」此時，只要乙決定是否當天來回臺北、高雄，即可決定條件的是否成就。如作為條件內容的事實，並非依當事人一方的意思決定，而是依偶然的因素決定其成就與否者，其條件即為偶成條件，例如甲向乙表示，「如果明天下雨，我就送你溫泉旅館的免費住宿券。」由於明天是否下雨，係取決於大自然的各種因

素或天氣的偶然性，並非當事人的意思可以決定其成就與否。如作為條件內容的事實，是混合當事人一方的意思和其他偶然的因素所成，例如甲向乙表示，「如果明天下雨，而你從淡水徒步到金山，我就送你溫泉旅館的免費住宿券。」或「如果你和她（某丙）結婚，這部汽車就送給你。」其條件即為混合條件。

法律行為如附有隨意條件、偶成條件或混合條件，其效力在民法上並無明文規定，但從為條件內容的事實必須具有客觀不確定性的角度觀之，偶成條件和混合條件較無問題，隨意條件則宜依當事人真意決定法律行為的效力。在附有由債權人片面決定的隨意條件時，為使法律行為有效並維持法律關係之安定，宜認為債權人不可能使不利於自己的條件成就，從而如以隨意條件為停止條件，應認為該條件一定會成就，使法律行為有效，如以隨意條件為解除條件，應認為該條件一定不會成就，以維持法律行為之效力，故應將該法律行為視為無條件，並認定其為有效；附有由債務人片面決定的隨意條件時，宜認為債務人不可能做出不利於自己的決定，故如以隨意條件為停止條件，應認為該條件不會成就，故法律行為無效，如以隨意條件為解除條件，應認為法律行為雖然有效，但其條件隨時可能成就而使其歸於無效。❻

在司法實務上，最高法院 55 年臺上字第 214 號判決對於上述問題，曾指出：「附停止條件之法律行為，於條件成就時發生效力，民法第九十九條第一項定有明文。惟其條件僅依債務人（即因條件成就而受不利益之當事人）片面之意思表示者（學理上謂之隨意條件），應屬無效。」本件的事實是：養父甲將土地贈與養子，養父去世後，因養媳行為不檢，養母與養子同意終止收養關係，並另訂契約，由養母保留土地管理權，約定將來養媳如痛改前非遵守婦道，經養母認為名譽不再受損時，准回復收養關係，將土地返還養子。其後因養母不願重新收養，養子訴求確認養母之管理權不存在。最高法院於本判決准養子之所請，並認為本件為附停止條件之回復

---

❻　有認為以隨意條件為解除條件之法律行為，應屬有效者。王澤鑑，《民法總則》，自版，2000 年 9 月，頁 455。

收養關係，其所訂停止條件為養媳之痛改前非，遵守婦道，且須經養母認定，是其條件僅繫於債務人片面之意思，故附此條件之回復收養關係之法律行為無效，以此無效法律行為為條件之土地管理權授與契約，亦屬無效。

三、不許附條件的法律行為

㈠不許附條件法律行為的種類

基於私法自治及契約自由的原則，法律行為原則上均得附條件。不過，附條件的法律行為，其效力將因條件的成就與否而受影響，其法律關係亦處於不確定的狀態之中，對於某些特別強調法律關係安定的法律行為而言，在本質上即互相衝突。一般也從學理上認為，在例外的情形下，為使法律關係單純明確，有些法律行為乃基於法律規定、公序良俗或為保護相對人利益，而不許其附條件。不許附條件的法律行為也稱為禁忌條件的法律行為或條件敵對的法律行為 (Bedingungsfeindliche Rechtsgeschäfte)，依其本質可分為以下二大類：

1.因公益而不許附條件

為維護公共秩序善良風俗或交易安全等公共利益，有些法律行為不得附條件。例如：(1)結婚、離婚、收養或終止收養、認領非婚生子女或否認非婚生子女等身分行為；(2)承認或拋棄繼承之行為；(3)匯票、本票或支票的各種票據行為，為避免阻礙票據的流通，其發票人之擔任支付或委託支付，依法均應為無條件（票據 2～4、24、120、125），故均不得附條件。

2.因私益而不許附條件

為保護相對人利益（私益），有些法律行為依其性質不得附條件。例如民法第 335 條第 2 項規定：「抵銷之意思表示附有條件或期限者，無效。」即有宣示抵銷行為不許附條件之意。其他類似抵銷的單獨行為，尤其是將因表意人的意思表示，而使法律關係變動的形成權的行使，例如撤銷、承認、解除、終止、或選擇權、買回權的行使等單獨行為，如得附加條件，將使法律關係陷入不確定的狀態，與其法律行為的本質牴觸，亦影響相對

人的利益，故此等行為原則上均不得附加條件。

㈡不許附條件而附條件的法律效果

不許附條件的法律行為而當事人附以條件時，其法律行為的效力，應依各種情況而分別認定之。如法律有明文規定，即應依其規定。例如抵銷附條件者，無效（民 335 II）；票據背書附記條件時，票據不因之無效，僅其條件視為無記載（票據 36、124、144）。

對於有關公序良俗的法律行為，附加條件者，司法實務上似依「法律行為一部無效者，全部皆為無效」的原則（民 111），認定其法律行為無效。例如最高法院在 59 年臺再字第 106 號判決中指出：「附款之約定，除有特別情形外，與其對之所附加之法律行為，並無主從關係。換言之，在此情形之下，法律未便隨時將附款與其所附加之法律行為予以分開，而承認該法律行為為無條件。兩造離婚係就有關公序良俗之法律行為附加條件，尚難認已發生離婚之效力。」在 59 年臺上字第 1284 號判決中又指出：「兩造簽立之同意書，固有協議離婚字樣及見證人二名之記載，但既相約於上訴人簽付被上訴人抵債之四十萬元支票兌現時，始辦理離婚手續及論再婚自由以及子女監護等問題，自屬對於有關公序良俗之行為附加條件，顯難謂有兩願離婚之效力。」上述情形，如解釋上可認為給付金錢並非離婚的條件，即依民法第 111 條但書之意旨，當事人給付金錢與離婚之意思表示可以分離時，宜認為其離婚有效。❼

形成權的行使如附加條件，其將變動的法律關係將陷於複雜且不安定狀態，對於相對人的利益亦有重大影響，故其法律行為原則上無效。但依私法自治的精神，此等行為如經相對人同意附條件，或其所附條件為純由相對人決定的隨意條件時，即對相對人的利益無妨害時，則應例外許可其附條件。

---

❼　李模，《民法總則之理論與實用》，自版，1998 年 9 月修訂版，頁 222。

四、附條件法律行為的效力

㈠條件的成就、不成就

「條件成就」是民法的法定用語，是指構成條件內容的事實已經實現而言。例如甲向乙表示：「如果你在三年內考上司法官，就送你珍藏數十年的法槌。」乙在三年內考上司法官，即是作為積極條件的事實已經發生，即條件成就；丙向丁表示：「如果你戒菸一年（一年都不抽菸），就送你這部汽車。」丁如果一年都不抽菸，即抽菸的事實都不發生，即是消極條件成就。

條件不成就是指構成條件內容的事實，確定不實現而言。在前述設例中，如乙在三年內未能考上司法官，即是積極條件不成就；如丁在一年內有抽菸的事實，則是消極條件的不成就。

實務上判斷條件成就或不成就時，應先解釋當事人的意思表示，以確定作為條件內容的事實的真正內涵，❽再就該事實在客觀上是否已發生及何時發生等情形，依證據認定之。

㈡條件的擬制成就、擬制不成就

前述條件成就或不成就，均以作為條件內容的事實的發生與否為判斷依據，在學理上又稱為條件的自然成就、自然不成就。除此之外，有時條件的成就、不成就，並非純以事實是否已發生為認定標準，而是依法律的規定為相反的認定者，其在學理上稱為條件的擬制成就、擬制不成就。民法第101條規定：「因條件成就而受不利益之當事人，如以不正當行為阻其條件之成就者，視為條件已成就。因條件成就而受利益之當事人，如以不正當行為促其條件之成就者，視為條件不成就。」本條第1項規定條件的擬制成就，第2項規定條件的擬制不成就，均是以有因條件成就而受不利益之當事人存在為前提。❾

---

❽　參照最高法院50年臺上字第1761號判決。

❾　參照最高法院58年臺再字第71號判決。

1.條件的擬制成就

以發生債之關係為目的的法律行為，如附有條件，其條件的成就必定會使一方當事人遭受不利益，例如甲與乙約定，如乙當選某協會會長，就贈送乙 50 萬元現金，當該停止條件成就時，甲即受有不利益。甲如為避免贈與該金額，故意以不正當方法妨礙乙的競選活動，致使乙未能當選時，為保護相對人乙的利益，並禁止不正當之行為，維護誠實信用原則，乃特別規定條件視為已成就。條件的擬制成就，必須是條件被不正當行為阻止其成就，❿行為人在主觀上只須有阻止條件成就的故意，⓫但不必有侵害相對人利益的認識。

條件的不成就是否係因不正當行為所致，其認定在司法實務上乃是重要的課題。⓬不正當行為通常為積極行為，例如將候選人囚禁使其無法從事競選活動是。至於消極的不作為，則應分別情形觀察之。例如在前段所與之例中，甲未積極協助乙之競選活動，致乙未能當選時，甲的行為僅係單純的不作為，尚不宜認為「不正當行為」。但如當事人為避免因條件成就而受不利益，故意違反契約或法律上的作為義務，未為必要的協力行為，致使條件未能成就，即是以不正當消極行為阻止其條件之成就，應視為條件業已成就。例如丙、丁簽訂協議書，約定丙所受領之保證金，應於丁如期完成各項修繕及公共設施時，予以退還，即附有停止條件，但丙不願配合公共設施之興建，致公共設施未能完成，則可認為協議書所附退還保證金之條件，因丙以不正當行為阻止條件成就，應視為條件已成就，丙自應返還保證金。⓭其他如當事人應辦理換領所有權狀卻遲不辦理、⓮應簽發本票使和解生效而故意不簽發、⓯應配合辦理融資使契約生效卻不配合辦

---

❿　參照最高法院 52 年臺上字第 1509 號判決。

⓫　參照最高法院 59 年臺上字第 1273 號判決。

⓬　參照最高法院 69 年臺上字第 3153 號判例。

⓭　參照高法院 88 年臺上字第 2446 號判決。

⓮　參照最高法院 69 年臺上第 713 號判決。

⓯　參照最高法院 86 年臺上字第 2280 號判決。

理，⓰亦均可認為是以不正當的不作為，阻止條件成就。

2.類推適用的問題

法律行為如非附有條件，但以特定事實的發生時為債務之清償期時，也有以不正當行為阻止該事實發生的問題，此時司法實務上認為其雖與附條件的情形有別，仍應類推適用民法第 101 條之規定。例如當事人甲、乙約定系爭工程保留款應於工程完工經國公局驗收合格時給付，如甲方拒絕備妥完整之竣工文件，致無法完成驗收時，如可認定甲方係以不正當行為阻止國公局完成驗收，即應視為清償期已屆至。⓱

3.條件的擬制不成就

條件的擬制不成就，是當事人以不正當行為促其條件成就，其立法理由與條件的擬制成就大致相同。例如甲借錢給乙，並約定如乙在 2008 年 5 月 1 日仍不能清償借款，即應將 A 地移轉給甲抵償，甲為促使條件成就，散播 A 地的不實訊息，阻止第三人向乙購買 A 地，致使乙屆期仍無力償還借款時，依法應視為條件不成就。

條件的擬制不成就，必須行為人在主觀上有促成條件成就的故意，始足當之，若僅與有過失，不在該條適用之列；⓲在客觀上有促成條件成就的不正當行為，且其行為與條件之成就之間，具有相當因果關係。⓳

㈢條件成就時的效力

法律行為如附加條件，其效力即因條件的成就與否而受影響，必須等到條件成就或確定不成就之後，法律行為的效力才能確定。但附停止條件或附解除條件之法律行為，究竟應從條件成就時發生效力或失其效力，或應溯及法律行為成立之時發生效力或失其效力,在立法上仍有不同之政策。

⓰ 參照最高法院 91 年臺上字第 1212 號判決。
⓱ 參照最高法院 87 年臺上字第 1205 號判例、93 年臺上字第 1600 號判決、95 年臺上字第 1549 號判決。
⓲ 參照最高法院 67 年臺上字第 770 號判例。
⓳ 參照最高法院 84 年臺上字第 2461 號判決。

民法第 99 條規定：「附停止條件之法律行為，於條件成就時，發生效力。附解除條件之法律行為，於條件成就時，失其效力。依當事人之特約，使條件成就之效果，不於條件成就之時發生者，依其特約。」本條關於條件成就的效力，原則上是採不溯及既往的原則，但如當事人有使其溯及既往之特約，則依其特約，整體而言主要係在貫徹私法自治及契約自由的精神。❷⓪

　　附條件的法律行為，在條件成就時，其效力即應依本條規定當然發生（如為停止條件）或消滅（如為解除條件），不待當事人另為其他使法律行為生效或失其效力的行為。契約如係因解除條件的成就而失其效力，即可不問當事人之是否及如何行使契約解除權，故其認定在司法實務上甚具意義。❷⓵債權行為附停止條件者，條件成就時即直接發生債權效力，❷⓶物權行為附停止條件者，條件成就時即發生物權變動的效力。例如在附停止條件的贈與（債權行為），條件成就時即發生贈與契約的效力；在附停止條件的動產或不動產物權行為，如物權行為已具備其他生效要件，於條件成就時也可以發生動產物權或不動產物權變動的效力。

　　法律行為附解除條件者，因其條件成就而失其效力者，應以該法律行為為限，而不及於其他法律行為。❷⓷條件成就的效力，原則上是自其成就時向將來發生效力，並無溯及效力，但當事人對於此項原則，得另行約定，「使條件成就之效果，不於條件成就之時發生」（民 99 III）。例如甲、乙訂定 A 狗的買賣契約，並約定如甲走失的 B 狗在一週內尋回，該買賣契約當然作廢時，甲在一週內尋回 B 狗的解除條件成就的效力，宜依當事人特約

❷⓪　法律對於比較特殊的法律行為，有時也有關於條件特別規定，例如民法第 1200 條規定：「遺囑所定遺贈，附有停止條件者，自條件成就時，發生效力。」

❷⓵　參照最高法院 60 年臺上字第 4001 號判例、93 年臺上字第 359 號判決。

❷⓶　我國民法第 1169 條規定：「遺產分割後，各繼承人按其所得部分，對於他繼承人因分割而得之債權，就遺產分割時債務人之支付能力，負擔保之責。前項債權，附有停止條件或未屆清償期者，各繼承人就應清償時債務人之支付能力，負擔保之責。」乃是因為附停止條件的法律行為，於條件成就時始生效力，故該行為所生之權利應以條件成就時定其內容。

❷⓷　參照最高法院 93 臺上字第 2439 號判決。

溯及於買賣契約成立時，即使其失效。當事人是否有特約及其特約的內容
如何，屬於意思表示的解釋問題。 ㉔

　　由於條件係法律行為的附款，有關法律行為成立及生效的要件的判斷，
例如當事人的權利能力、行為能力、法定代理人的同意或善意等的是否具
備，均應以法律行為作成時為準，而非以條件成就時為準。當事人關於條
件有溯及效力的特約者，其所約定的溯及時期，在解釋上不得早於法律行
為成立之前，其有關溯及效力的特約在當事人固然有效，第三人除因善意
受讓而受護外，亦應受其拘束。例如甲向乙購買 A 馬，於買賣契約中約定
如總統由國民黨員當選，A 馬當時所拉之 B 馬車，即視為自始即包含在買
賣契約之內，不用再加價。此時如所附的停止條件成就，即應依其特約溯
及於契約成立時生效，至於其究竟發生債權效力或物權效力，應以附條件
的法律行為的本質為斷，如係就 B 馬車之所有權移轉附有該條件，似宜認
為應具有物權效力，即甲應自買賣契約成立時即取得馬車之所有權。㉕乙
如於買賣契約成立後，條件成就前將 B 馬車為處分行為，條件成就後甲因
溯及於買賣契約成立時取得 B 馬車之所有權，乙之行為即屬無權處分（民
118）。

㈣條件不成就時的效力

　　附條件的法律行為，在條件成就未定前，其效力處於不甚確定的狀態，
但其效力的內容，應與條件成就時為相反之認定。我國司法實務亦採取同
一見解，例如在 40 年臺上字第 1682 號判例中，最高法院謂：「債務人約定，
以其將來可取得某特定不動產所有權，為因供擔保設定抵押權之條件，即

㉔　參照最高法院 92 年臺上字第 115 號判決。
㉕　我國通說認為當事人關於條件成就之效力之特約，應發生物權效力。史尚寬，
　　《民法總則釋義》，自版，1973 年 8 月臺北重刊，頁 351；王伯琦，《民法總則》，
　　臺北：正中，1963 年 3 月臺初版，頁 182；洪遜欣，《中國民法總則》，自版，
　　1981 年 9 月修訂 3 版，頁 428；王澤鑑，《民法總則》，自版，2000 年 9 月，
　　頁 463。

屬民法第九十九條第一項所謂附停止條件之法律行為，於條件成就時發生效力，故在債務人取得某特定不動產所有權之前，所附停止條件尚未成就，其約定因供擔保設定抵押權之法律行為，亦未發生效力，此際債務人自不負就某特定不動產為因供擔保設定抵押權登記之義務。」

民法第 99 條僅就條件成就時的效力加以規定，對於條件不成就時的效力則無明文，但採反面解釋亦可承認以下之原則：附停止條件的法律行為，於條件不成就時，確定的不發生效力，附條件法律行為不復存在；附解除條件的法律行為，於條件不成就時，確定的維持其原有效力，法律行為不再附有條件。❷我國最高法院 22 年上字第 1130 號判例亦採相同見解：「買賣契約附有停止條件者，於條件成就時，始生效力，若條件已屬不能成就，則該項契約自無法律上效力之可言。」

㈤條件成否未定前的效力

1.期待權

附條件的法律行為，其效力受條件成就與否的影響。附停止條件法律行為的一方當事人，於條件成就前，有因條件之成就，當然取得本來權利之希望；附解除條件法律行為的一方當事人，雖直接取得本來之權利，但他方當事人亦有因條件成就而否認其本來權利之希望。可見當事人在條件成就與否未定之前，已有因條件成就而取得權利或利益，或得回復權利的希望，此種希望的利益亦受法律之保護，故民法第 100 條規定：「附條件之法律行為當事人，於條件成否未定前，若有損害相對人因條件成就所應得利益之行為者，負賠償損害之責任。」立法理由稱此種利益為「權利」，並認為他方當事人有予以尊重之「義務」，學理上則多稱之為期待權 (Anwartschaftsrecht)，我國實務上亦採用之。

本條的立法理由指出其規定旨在宣示：「附條件義務人，不得害及附條件權利人之利益，若害之，則為不法行為，須任損害賠償之責。」例如附停止條件買賣契約的買受人，有因條件成就而取得權利的期待權，附解除條

---

❷　施啟揚，《民法總則》，自版，2005 年 6 月 6 版，頁 264。

件贈與契約的贈與人，有因條件成就而否認其義務的期待權，此等期待權可能因條件的成就隨時成為權利。附條件法律行為的條件不一定成就，其期待權在性質上只是某種權利的前一階段，不一定會成為權利，但在條件成就與否未定以前，亦應保護此等期待權，避免他方任意予以變更。

本條是透過規定附條件法律行為之當事人，應負賠償損害之責任的方法，宣示相對人因條件成就所應得之利益，於條件成否未定前，即受法律之保護。相對人的損害的發生，應以條件尚有可能成就時，即其期待權存在為前提，方始發生，如其條件以後確定不成就，即根本無所謂因條件成就之利益或期待權可言，亦無損害其利益之可能。

對於前述原則，最高法院曾作成 69 年臺上字第 3986 號判例，指出：「附條件之法律行為當事人於條件成否未定前，若有損害相對人因條件成就所應得利益之行為者，負損害賠償責任，民法第一百條固定有明文。然此種期待權之侵害，其賠償責任亦須俟條件成就時，方始發生。蓋附條件之法律行為，原須俟條件成就時始得主張其法律上之效果，在條件成否未定之前，無從預為確定以後因條件成就時之利益，如其條件以後確定不成就，即根本無所謂因條件成就之利益。」

附條件法律行為之當事人，損害相對人因條件成就所應得之利益的行為，可能為事實行為，例如附條件出賣名駒之人，在條件成否未定前將傷害名駒，亦可能為法律行為，例如將名駒出賣並移轉所有權給第三人，致使相對人無法取得其所有權。但無論為何種行為，依本條規定均成為不法行為，故以事實行為造成名駒之損害時，相對人於條件成就後，得請求附條件法律行為之當事人以金錢賠償其損害，或請求其交付名駒並以金錢賠償其加諸名駒之傷害；以法律行為造成損害時，如僅有債權行為（即出賣該名駒但未交付），應認為尚不發生損害其利益之行為，如同時有債權行為及物權行為時（即出賣名駒並移轉其所有權），因物權行為有效，相對人期待取得所有權的利益已受損害，相對人僅得請求以金錢為損害賠償。

本條之損害賠償請求權，乃是依本條規定而發生的法定責任，並非一般的侵權行為，故不以當事人的故意或過失為必要，其行為也不以另具有

其他不法性為必要。但如法律對於相對人利益之保護另有特別規定者，例如關於移轉或設定不動產物權「附有條件之請求權」，已依土地法之規定辦理預告登記，而具備得對抗第三人之公示方法時，當事人（登記名義人）就其不動產所為之處分，對於所登記之請求權有妨礙者無效（土地 79-1 II），相對人之利益即不致受損害，則應依該特別規定為準。

2.附條件債權的特別規定

附條件的債權的效力，原來受其所附條件的限制，但破產法上有若干特別規定，值得注意。例如第 113 條規定：「破產債權人於破產宣告時，對於破產人負有債務者，無論給付種類是否相同，得不依破產程序而為抵銷。破產債權人之債權為附期限或附解除條件者，均得為抵銷。」第 140 條規定：「附解除條件債權受分配時，應提供相當之擔保，無擔保者，應提存其分配額。」第 141 條規定：「附停止條件債權之分配額，應提存之。」第 142 條規定：「附停止條件之債權或將來行使之請求權，如最後分配表公告後十五日內，尚不能行使者，不得加入分配。」第 143 條規定：「附解除條件債權之條件，在最後分配表公告後十五日內尚未成就時，其已提供擔保者，免除擔保責任，返還其擔保品。」

第二節　　期　限

two ● ●●

一、期限的意義

期限係當事人約定，使法律行為效力的發生或消滅，以將來確定會發生事實的發生或到來，予以決定的一種附款。例如甲與乙約定，在丙去世後，甲願將現在由丙居住的房屋出租給乙，為期十年，由於丙的死亡與任何人的死亡一般，乃遲早之事，屬於將來確定會發生的事實，該契約即為附期限的租賃契約。依私法自治及契約自由的精神，法律行為除少數基於公益及私益之理由，不許附加期限外（參照條件部分之說明），原則上均得

附以期限。但也有一部分法律行為，雖不得附條件，卻得附加期限，例如票據行為須為無條件，但得附期限，甚至允許「遠期支票」的存在（票據128 II）。

㈠期限是法律行為的一部分

法律行為中所稱的期限，是指使法律行為的效力在時間上受到限制的事實，又稱為「約定期限」或「意定期限」。應和它區別的近似概念是「法定期限」，即指法律所規定的期限，例如五年的買回期限（民 380）、二十年的租賃期限（民 449）、受遺贈的終身期限（民 1204）、付款人請求延長三日期限（票據 48）等。此外，尚有由法院斟酌當事人境況，依法所決定的「裁定期限」，例如法院准許債務人為分期給付或緩期清償而定有期限者（民 318），也都與意定期限有所不同。期限係由法律行為當事人約定的附款，性質為法律行為的一部分，而非獨立的法律行為，故期限與其他意思表示共同構成「附期限的法律行為」。

㈡期限與條件的性質不同

條件的成否並不確定，而期限則一定會發生或到來；附條件法律行為是否發生效力，取決於成否不定的條件事實，在客觀上並不確定，而附期限法律行為的效力的發生或消滅，取決於一定時間的經過或一定會發生的事實，在客觀上遲早必將發生。我國司法實務上相當重視此項區別，例如最高法院 89 年臺上字第 2713 號判決謂：「法律行為之附停止條件，係指該法律行為效力之發生，繫於將來、客觀、不確定的事實之成就。本件被上訴人對於上訴人交付價金之義務，於雙方訂立股權轉讓合約書時即已確定發生，僅約定於股權過戶後，被上訴人始應給付二百萬元之尾款，亦即股權縱未過戶完成，仍不影響該已確定發生之尾款債權之效力，只不過須俟過戶完成，方得請求給付尾款而已。故系爭股權過戶完成時，應係被上訴人履行給付尾款之期限屆至，非其給付尾款之停止條件成就。」[27]

---

[27] 最高法院 85 年臺上字第 1202 號判決謂：「本件原審既認定兩造曾約定系爭土

作為期限內容的事實，雖然必定會發生或到來，但在為法律行為之際，期限事實的發生或到來時期，仍不完全確定。當事人約定的期限必須合理妥當，始有意義，如其事實的發生時期與法律行為成立時相隔太遠，由法律行為的標的的角度觀察，顯非相當時，例如當事人在民國 99 年約定，甲願意在民國 120 年贈送乙一輛自行車，該期限的約定即無實際意義，應綜合各種情事判斷法律行為的效力。當事人約定的期限，其發生或到來的時期確定者，稱為「確定期限」，其時期不確定者，稱為「不確定期限」。前者如預先訂定的買賣契約，約定「本契約自民國 100 年 1 月 1 日起生效」，後者如房屋的使用借貸契約，約定「本契約在甲死亡時失其效力」。

㈢期限的分類

我國民法將期限區分為始期與終期，並於第 102 條規定：「附始期之法律行為，於期限屆至時，發生效力。附終期之法律行為，於期限屆滿時，失其效力。第一百條之規定，於前二項情形準用之。」可見始期是法律行為效力發生的起點，其目的在依當事人的意思，限制法律行為效力的發生；終期是法律行為效力消滅的終點，其目的在依當事人的意思，促成法律行為效力的消滅。繼續性的債之關係通常附有期限，例如租賃、僱傭、借貸、訂閱報章雜誌、智慧財產權授權、❷❽材料供應等繼續性的債權契約，通常訂有「從 A 時到 B 時」的始期及終期。❷❾

㈣工程承攬的「履約保證金」

在關於工程承攬的實務上，當事人常有關於「履約保證金」的約定，

地須與九四之一號等七筆土地合併分割，否則不得分割。在當時該約定如非不能成就，似應認係一種條件而非期限。」

❷❽　參照最高法院 92 年臺上字第 1658 號判決。

❷❾　此乃一般通說的見解，但債權契約約定債務人之給付期間為「從 A 時到 B 時」者，例如從民國 98 年 1 月 1 日起到 108 年 12 月 31 日止的租賃契約或僱傭契約，因為其日期並非關於整個契約生效或失效的事實的約定，故其期間之始日及末日是否為始期及終期，仍有待商榷。

最高法院實務上認為其返還附有不確定期限。例如 94 年臺上字第 1209 號判決謂：「承攬契約之承攬人交付履約保證金予定作人，係以擔保承攬債務之履行為目的，信託的讓與其所有權予定作人。此項保證金之返還請求權，附有於約定返還期限屆至時，無應由承攬人負擔保責任之事由發生，或縱有應由承攬人負擔保責任之事由發生，惟於扣除承攬人應負擔保責任之賠償金額後猶有餘額之停止條件。上訴人係以低於被上訴人所定底價之總價標得系爭工程，因而繳付系爭差額保證金予被上訴人作為履約之擔保，依臺灣省各機關營繕工程投標須知第二十三條第一項規定，該保證金應按工程施工進度及於驗收合格後分期退還，係以不確定事實之發生為分期退還之期限，如該事實已確定不能發生，即應認期限業已屆至。系爭工程既經被上訴人另交由他人施工完成，上訴人已確定不能繼續施工，自應認該期限已屆至。系爭保證金果無應由上訴人負擔保責任之事由發生，或扣除應由上訴人負擔保責任之賠償金額後猶有餘額，上訴人非不得請求被上訴人返還系爭保證金或其餘額。」

㈤附期限的債權行為

　　附有期限的債權行為和債權行為所訂的履行期的性質，有下列差異：(1)前者的期限涉及債權行為的「有效性」，而直接影響債權行為的效力，使該行為所生的債權發生應於何時發生或消滅的問題，後者的履行期所涉及者，是債權行為確定生效，且債權發生後，其債權的效力內容應如何決定的問題，與債權行為的「有效性」無關；(2)前者中的附始期債權行為，於期限前該行為尚未生效，亦無債權可言，故債務人不得於期限前履行或清償，債權人亦不得在期限前請求清償或為清償，後者即債權定有清償期者，債權人雖不得於期前請求清償，如無反對之意思表示時，債務人依法得於期前為清償（民 316）。⓿

⓿　我國司法實務上，對於附有期限的債權行為和債權行為所訂的履行期的區別，相當重視。最高法院 26 年渝上字第 163 號判例謂：「民法第一百零二條第二項所稱附終期之法律行為，係指約明期限屆滿時,當然失其效力之法律行為而言。

　　與附始期的債權契約近似者，係債權人與債務人在訂定本約以前，以將來應訂定本約為債之內容的「預約」，其在性質上乃獨立於本約之外的另一契約，故與債權所附的期限應嚴格區別。最高法院 91 年臺上字第 100 號判決涉及此項區別，可供參考。本件當事人於 87 年 8 月 17 日簽訂系爭租賃契約，約定甲 87 年 10 月 15 日起將房屋出租與乙。最高法院指出：「預約係約定將來訂立一定契約（本約）之契約，倘將來係依所訂之契約履行而無須另訂本約者，即非預約。附始期之租賃，乃該租賃契約於始期屆至發生效力，而依該租賃契約內容履行，故非預約。」並據此廢棄原審以系爭租賃契約為附始期之租賃契約，含有預約性質，故僅得類推預約之法理以為論斷的見解。

二、附期限法律行為的效力

㈠期限的到來

　　期限的到來，是指構成期限內容的事實已發生而言。在確定期限，通常涉及期日及期間的計算，故應依民法第 120 條以下的相關規定決定其到來，在非確定期限，則以當事人所約定的事實的發生，為期限的到來。民法對於始期的到來稱為「屆至」，對於終期的到來稱為「屆滿」。

㈡期限到來後的效力

　　期限到來後，法律行為的效力即因而發生或消滅。「附始期之法律行為，於期限屆至時，發生效力。」（民 102 I）「附終期之法律行為，於期限屆滿時，失其效力。」（民 102 II）。期限到來後的效力，不論其法律行為為債權行為或物權行為，均係直接、當然發生，當事人不必再為意思表示或其他行為，其情形與條件成就相同。期限到來後的效力，在本條未允許當事人

本件雙方所訂買賣布疋之契約，約定二十四年六月內出清，不過定明應為履行之期限，並非同條項所稱附終期之法律行為。」44 年臺上字第 1574 號判決、84 年臺上字第 1809 號判決、87 年臺上字第 129 號判決亦均重申類似的見解。

以特約為不同約定的情形下，僅能自到來後向將來發生，並無溯及效力，故相對於附條件的法律行為的效力，似較無彈性。

㈢期限到來前的效力

附期限的法律行為，其當事人係以意思表示，決定以期限的到來影響其效力，基於私法自治及契約自由之精神，於原約定的期限到來之前，仍可隨時再以意思表示變更期限的內容，即另行約定新期限，以取代原期限。當事人或相對人在期限到來之前，雖然尚未確定地取得權利或失去權利，但仍有希望在始期屆至或終期屆滿時有取得權利或回復權利的期待權。由於期限必定會到來，其不確定性較附條件之法律行為更低，附期限法律行為當事人的期待權，亦因此更值得法律予以保護。故當事人在期限到來之前，如有損害相對人因始期屆至或終期屆滿所應得之利益者，依民法第102條第3項準用第100條關於保護期待權規定的結果，應負損害賠償責任。

破產法為保護附期限之破產債權人之利益，於第100條規定「附期限之破產債權未到期者，於破產宣告時，視為已到期」，於第113條第2項規定，破產債權人之債權為附期限者，得為抵銷。

第三節　案例解析

three ● ●●

案例 1

甲、乙原來欲合建房屋，乃簽訂協議書，約定各出資 1000 萬元，共同存入丙的帳戶，該帳戶之存款需甲、乙、丙三人協同攜帶銀行原留印章始可提領，其中第 6 條並約定：「以協議內容如有一方不履行者本契約即做不生效之決」。甲後來因故不願建屋，丙願意配合領款手續，但甲多次催請乙協同領回存款，乙均置之不理。如甲起訴請求乙協同領款，請問甲的請求有無理由？

▶ 解　析 ●●

　　本案例中甲對乙的請求，其權利依據如為雙方所約定的協議書，須以該協議有效成立為前提，如為該協議無效所衍生的其他權利，則在訴訟上亦應具體指明其所依據的條文。當事人在本例中的約定，其內容並非民法設有明文規定的有名契約或典型契約，但只要不違反強行規定或公序良俗，依私法自治原則，即應承認其效力。

　　甲、乙的協議書第 6 條約定：「以協議內容如有一方不履行者本契約即做不生效之決」，依私法自治的原則，亦屬有效。故甲、乙合建房屋的契約，已確定失其效力，乙不得請求甲履行契約，亦不得根據該契約，繼續留置甲存入丙的銀行帳戶的存款，但甲究應根據民法第 259 條請求回復原狀，或根據第 179 條請求返還不當得利，仍有疑問。

　　上述問題涉及協議書第 6 條內容的解釋。如其內容為解除權的約定，甲即得在解除契約之後，行使回復原狀請求權（民 259）；如其內容為關於契約的條件的約定，則須解決下列問題：其條件的內容為何？附有此種條件的法律行為效力如何？法律行為如因解除條件成就而失其效力，當事人已依原來約定提出給付者，應如何請求返還？

　　最高法院在與本案例事實類似的 90 年臺上字第 56 號判決中，就上述區別指出：「附解除條件之契約及契約之解除，二者法律效果截然不同，前者於條件成就時，當然失其效力，而契約之解除則以解除權人行使解除權為必要，須以意思表示為之；又契約之解除有溯及效力，解除條件之成就，原則上並無溯及之效力；又契約解除時，當事人償還義務之範圍，依民法第二百五十九條之規定，而附解除條件之契約，於條件成就而失其效力時，當事人間之償還義務，則依不當得利之規定。」

　　就本例協議書第 6 條的約定內容，依民法第 98 條的規定予以解釋，可認為當事人的真意，是指當事人間任何一方不願履行時，則該協議即失其效力而言，足見其性質屬解除條件，亦即當事人間所簽訂之協議書係以其任何一方不履行為其契約之解除條件。最高法院對於此種解除條件，於前述判決指出：「依當事人一方之履約與否之意思，而決定其成就與否之條件，屬學說所謂之隨意條件，依私法自治原則，固難謂其為無效；惟如當事人已為履約或不履約之意

思表示，條件成就與否業已決定，自不得以他意思表示而否定其條件確定已成就或不成就之效力。」

　　故甲向乙請求協同領款，為有理由。其請求的依據（請求權基礎）不是雙方合意所訂定的合建契約，也不是甲行使契約解除權所生的回復原狀請求權（民 259），而是合建契約因解除條件成就而失其效力後，甲原來因契約成立而存入丙之帳戶並不得任意提領支用的 1000 萬元，乙原來得依該契約之約定「凍結」該存款的利益，亦因而失去其法律上之根據，形成乙無法律上原因而受有利益，致甲受有不能對該存款為使用、收益及處分的損害，故甲得依第 179 條規定請求返還其利益，即得請求乙協同提領該款項或以變更存款契約的方式予以「解凍」。

📑 案例 2

　　甲夫、乙妻結婚多年，因故協議兩願離婚並簽訂財產協議書，其財產協議書除約定甲應給付乙 1000 萬元現金之外，並記載「以上條款屬於條件式之契約，以離婚為要件，以離婚登記日為生效日」。甲、乙協議後曾至戶政事務所辦理離婚登記，後來甲反悔，主張其協議離婚欠缺證人，離婚協議書上之證人係甲偽造簽名，該協議離婚協議因未符合二人以上證人簽名之形式要件而無效。如乙向甲請求依約定給付 1000 萬元現金，有無理由？

▶ 解　析

　　本案例中乙的請求係以甲、乙之間的財產協議書為依據，故其請求權之有效存在，須以該財產協議書已成立並生效為前提。

　　本例中甲、乙之間財產協議書的成立要件均無疑問，有問題的是，甲乙的離婚欠缺二人以上證人之簽名，依民法第 1050 條的下列規定應屬無效：「兩願離婚，應以書面為之，有二人以上證人之簽名並應向戶政機關為離婚之登記。」再加上財產協議書有「以上條款屬於條件式之契約，以離婚為要件，以離婚登記日為生效日」的記載，乃發生該記載的意義為何？其效力如何？在離婚並未生效的情形下，該財產協議書是否生效？等問題。

　　依民法第 98 條的規定解釋上述記載的內容，可認為當事人之真意是將財

產協議書與離婚「綁」在一起，其中「以離婚為要件，以離婚登記日為生效日」等詞，應僅在說明財產協議書為「條件式之契約」，即附條件之法律行為而已，其效力應先就該法律行為得否附該條件，予以論斷。「按身分行為原則不得附條件，主要是基於身分行為具有公益性及不可強制履行性之特性，同時避免所附條件懸而未決造成身分法律關係陷於不確定狀態及產生不當壓力致影響當事人自由意思之下，本於維護公共秩序、善良風俗之理由，解釋上身分行為不得附有條件，否則所附條件因違反民法第七十二條之規定而為無效，猶如自始未附有條件。」（以上摘錄自原審判決）不過，甲、乙之財產協議書與離婚之身分行為分離，是獨立之財產行為，本例的情形是財產協議附有離婚之條件，並非離婚之身分行為附有給付財產之條件，故應未因其附有條件而違反公序良俗。

　　其次，從財產協議的條件內容以觀，「以離婚為要件，以離婚登記日為生效日」，應指以離婚生效（而非形式地辦理登記），為財產協議的停止條件，故在條件成就，即離婚生效以前，該財產協議尚未發生效力（民99 I）。

　　本例的停止條件未成就雖為事實，但該離婚似係因甲偽造證人之簽名而無效，故亦發生甲作為因條件成就而受不利益之當事人，是否「以不正當行為阻其條件之成就」，而得依民法第101條「視為條件已成就」的問題。最高法院於與本案例之事實類似的95年臺上字第906號判決中指出：「所謂阻其條件之成就，必須有阻其條件成就之故意行為，始足當之，若僅與有過失，尚不在此規定適用之列。」甲故意行使偽造私文書之刑事犯罪行為，是否即足以認其主觀上有阻該離婚條件成就之意欲，乃是本例之關鍵。

　　在夫妻先訂立離婚協議書及財產協議書，再共同辦理離婚登記的一般情形，縱令該離婚登記因離婚協議書證人簽名之偽造而有無效原因，因財產協議後至離婚登記前，有相當時間，本例中之甲本來可請真摯之證人在場見聞雙方訂立離婚協議，使離婚協議合法有效，而使該財產協議生效，故確實有可能「以不正當行為阻其條件之成就」。本書以為本例之停止條件之所以未成就，不是因為甲的犯罪行為，而是因為欠缺證人及其簽名，故如甲確實故意以偽造證人簽名之方式，使乙以為無須證人，而使離婚無效或條件無法成就，並愚弄相對

人乙時，似不妨認定甲是以「以不正當行為阻其條件之成就」；反之，如甲誤以為離婚經登記後即已生效，偽造證人簽名與離婚之效力無關，並無愚弄相對人乙之意，且在離婚之後已善意與第三人結婚，即不宜認定甲是以「以不正當行為阻其條件之成就」。

案例 3

　　甲（債權人）向法院承受乙之 A 地及 B 屋後，與乙約定願意於乙還清一切債務後，即返還 A 地及 B 屋。乙於提存所欠尾款時，附有對待給付之條件，謂甲應將 A 地及 B 屋辦理所有權移轉登記與乙後，始得領取該提存之款。甲後來將 A 地及 B 屋出售並移轉所有權給知情之丙，乙心有不甘，乃起訴請求甲賠償乙未能取得 A 地及 B 屋辦理所有權之損害，請問乙的請求是否有理由？

◑ 解　析

　　本案例中之甲於乙取得 A 地及 B 屋的請求權之後，本無返還 A 地及 B 屋給乙的義務，乙之所以有機會請求甲返還 A 地及 B 屋，乃是以甲、乙後來所訂的契約為依據。但甲、乙的契約附有「乙還清一切債務」的停止條件，故乙須於停止條件成就，即乙還清一切債務後，始得請求甲返還 A 地及 B 屋。本例的情形，乙已無法請求甲返還 A 地及 B 屋，乙得否請求甲賠償其損害，是以甲是否依民法第 100 條下列規定，應負賠償損害之責任而定：「附條件之法律行為當事人，於條件成否未定前，若有損害相對人因條件成就所應得利益之行為者，負賠償損害之責任。」

　　最高法院於與本案例之事實類似的 69 年臺上字第 3986 號判例中，認為甲、乙之間的法律行為，附有乙清償其債務完畢的停止條件，而乙的給付因附有條件，難認為乙已依債務本旨清償債務，故該停止條件尚未成就，並有下列說明：「附條件之法律行為當事人於條件成否未定前，若有損害相對人因條件成就所應得利益之行為者，負損害賠償責任，民法第一百條固屬定有明文。然此種期待權之侵害，其賠償責任亦須俟條件成就時，方始發生。蓋附條件之法律行為，原須俟條件成就時始得主張其法律上之效果，在條件成否未定之前，固無從預為確定以後因條件成就時之利益，蓋如其條件以後確定不成就，根本

無所謂因條件成就之利益可言。」

　　最高法院在前述判例中認為，因乙得請求甲返還 A 地及 B 屋之條件既尚未成就，按照上開說明，甲之賠償責任即尚未發生。此項見解似有待商榷之處。因為如果條件已成就，乙即已取得因條件成就所應得之利益，乙之期待權已轉換為具體的債權，故得請求甲返還 A 地及 B 屋；此時如甲仍拒絕返還，則甲應負債務不履行的責任，已非民法第 100 條的適用範圍。質言之，本條的適用是以當事人的損害相對人利益或期待權的行為，係在條件成否未定前所為者為限，如於條件成就後或確定不成就後，再為損害其他利益的不法行為，應依保護一般權利的侵權行為或債務不履行的規定處理，故本判例所謂：「此種期待權之侵害，其賠償責任亦須俟條件成就時，方始發生」等語，其見解並非妥適。

　　本例中之乙，如依最高法院 69 年臺上字第 3986 號判例之見解，其請求應無理由。本書以為，甲之賠償責任之所以未發生，並不是因為條件尚未成就，而是因為乙於提存所欠尾款，企圖使條件成就時，又附有甲應為對待給付之條件，謂甲應將 A 地及 B 屋辦理所有權移轉登記與乙後，始得領取該提存之款，且在其後也不再以其他方法，促使條件成就，故可認為條件已確定不成就，即使甲有損害相對人因條件成就所應得利益之行為，由於其非「於條件成否未定前」所為，甲乃不必依本條規定負賠償損害之責任。

第 5 章

代　理

代理，可分為法定代理及意定代理，前者是依法律規定而成立，後者是依法律行為而成立。法定代理的設計，是為補充無行為能力人或限制行為能力人的能力，使私法自治的功能得以發揮，意定代理則是由當事人依私法自治的原則，自行創設的代理關係，其目的是要擴張原來由行為人對自己所為的法律行為負責的私法自治的功能。在民法總則編「法律行為」章所規定的「代理」，是指意定代理而言。

依民法規定，代理是由本人授與代理權給代理人，而代理人於代理權限內，以本人的代理人的名義為意思表示或受意思表示，均直接對本人發生效力的法律關係（民 103）。例如甲有 A 地，因經常出國不克自己管理及處分，乃授權給乙代其出租或出售，丙擬經營加油站，委請丁協助查詢適當之地點並取得站區土地的使用收益權。甲、丙如分別授與代理權給乙及丁，只要乙、丁之人品及能力適當，即可藉由其法律行為的效力歸屬於自己的設計，享受乙、丁為其效勞的利益。故承認代理制度，可擴張私法自治的功能，使本人可假手他人開拓自己事業的版圖，而不用事必躬親。

代理對於法律行為有雙重意義。一方面是本人的法律行為，可借重代理人代為意思表示及代受意思表示，不必親自為之，另一方面是本人對代理人授與代理權，其授權行為本身就是一個法律行為。民法總則編之所以在第四章「法律行為」中，設有第五節「代理」的規定，乃是針對其前述第一個意義而設計；而在債編第一章「通則」第一節「債之發生」的第二款規定「代理權之授與」，姑且不論代理權之授與是否為債之發生原因，在此處規定是否妥當的問題，其規定的出發點乃是前述第二個意義。

我國民法對於代理的規定，分別依上述原理置於總則編及債編，本書係討論總則編第四章「法律行為」的專著，原應至少詳細析論其在總則編的條文，但因本系列叢書之中另有以「代理」為名的專冊，本書乃不宜討論太多，以免重複。茲謹將各條文的內容簡要排列整理如下：

一、代理權之授與及撤回

「代理權係以法律行為授與者，其授與應向代理人或向代理人對之為

代理行為之第三人，以意思表示為之。」（民167）「代理權之限制及撤回，不得以之對抗善意第三人。但第三人因過失而不知其事實者，不在此限。」（民107）「代理權之消滅，依其所由授與之法律關係定之。代理權，得於其所由授與之法律關係存續中撤回之。但依該法律關係之性質不得撤回者，不在此限。」（民108）「代理權消滅或撤回時，代理人須將授權書交還於授權者，不得留置。」（民109）

二、代理行為之要件及效力

「代理人於代理權限內，以本人名義所為之意思表示，直接對本人發生效力。前項規定，於應向本人為意思表示，而向其代理人為之者，準用之。」（民103）「代理人所為或所受意思表示之效力，不因其為限制行為能力人而受影響。」（民104）「代理人之意思表示，因其意思欠缺、被詐欺、被脅迫，或明知其事情或可得而知其事情，致其效力受影響時，其事實之有無，應就代理人決之。但代理人之代理權係以法律行為授與者，其意思表示，如依照本人所指示之意思而為時，其事實之有無，應就本人決之。」（民105）

三、代理行為的限制

「代理人非經本人之許諾，不得為本人與自己之法律行為，亦不得既為第三人之代理人，而為本人與第三人之法律行為。但其法律行為，係專履行債務者，不在此限。」（民106）「代理人有數人者，其代理行為應共同為之。但法律另有規定或本人另有意思表示者，不在此限。」（民168）

四、無權代理的效力

「由自己之行為表示以代理權授與他人，或知他人表示為其代理人而不為反對之表示者，對於第三人應負授權人之責任。但第三人明知其無代理權或可得而知者，不在此限。」（民169）「無代理權人以代理人之名義所為之法律行為，非經本人承認，對於本人，不生效力。前項情形，法律行

為之相對人，得定相當期限，催告本人確答是否承認，如本人逾期未為確答者，視為拒絕承認。」（民 170）「無代理權人所為之法律行為，其相對人於本人未承認前，得撤回之。但為法律行為時，明知其無代理權者，不在此限。」（民 171）「無代理權人，以他人之代理人名義所為之法律行為，對於善意之相對人，負損害賠償之責。」（民 110）

第 **6** 章 ● ● ●

無效及撤銷

第一節　無效的法律行為

one ● ●●

　　當事人的法律行為，如具備法律所規定的成立要件及生效要件，即為學理上所稱的「完全的法律行為」，依私法自治的原則，應發生其意思表示所要實現的法律效果。對於欠缺成立要件的情形，理論上應認為並無已成立而須認定其效力的法律行為，但對於欠缺生效要件的「不完全的法律行為」，則有決定其效力的必要。

　　我國民法對於「不完全的法律行為」，依其欠缺生效要件的情況或瑕疵的嚴重性，分別規定三種不同的效力，即無效、得撤銷及效力未定。在立法政策上，法律行為具有最嚴重的瑕疵者，即規定其為無效的法律行為，其次者，規定為得撤銷的法律行為，再其次者，則規定為效力未定的法律行為。

一、無效的意義

　　法律行為違反公益者，應屬無效的法律行為，不能發生其應有的效力。所謂「無效」，是指表意人內心所期望發生的法律效力，依法律的規定，當場、自始、確定的不發生而言，並不是指該行為在法律上全無意義，完全不會給當事人帶來任何法律效果（如損害賠償責任）。法律行為無效的具體理由，包括違反強行規定（民 71）、違背公序良俗（民 72）、違反法定方式（民 73）、無行為能力或欠缺意思能力（民 75）、限制行為能力人未經允許而為單獨行為（民 78）、真意保留（民 86）、通謀虛偽表示（民 87）、以不能之給付為標的（民 246 Ⅰ）等。

　　無效的法律行為，其無效是兼具有當然無效、自始無效及確定無效等三種特性：

㈠當然無效

是指法律行為不待任何人之主張，也不必經由一定程序使其失效，該法律行為即屬無效而言。當事人間對於法律行為的效力有爭執時，雖然可以起訴請求法院確認該行為為無效，法院如作成確認其無效的判決，性質上只是宣示其本來具有的效力狀態而已，並非使原來有效的法律行為，因為法院的判決而成為無效。❶在訴訟上，法律行為的無效不以由當事人主張者為限，法院亦得依職權認定其是否為無效。無效的法律行為在當事人間固為無效，對於當事人以外的任何人，原則上亦為無效，即絕對無效，❷只有在法律規定當事人不得以其無效對抗第三人時（例如民法第 87 條但書），始例外為相對無效。

㈡自始無效

是指無效的法律行為於成立時即自始無效，從未發生過當事人所欲發生的效力，並非在有效成立後才歸於無效。自始無效的法律行為，是自其成立之後一直都處於無效的狀態，故最高法院 33 年上字第 506 號判例謂：「無效之行為在法律行為當時已確定不生效力，即不得依據此項行為主張取得任何權利。」必須與此區別者，是當事人的法律行為不具備成立要件的情形，此時之所以不得主張法律行為的效力，是因為此種情形根本沒有法律行為可言，其與「已成立，但不發生法律效力」的無效法律行為，自有不同。例如雙方雖已通謀，但尚未為意思表示，則連虛偽之意思表示都沒有，自然也沒有法律行為究竟是有效或無效的問題。

---

❶ 最高法院 85 年臺上字第 2901 號判決謂：「無效之法律行為係自始當然的不生效力，並不能因此後情事變更而使之有效。」

❷ 最高法院 56 年臺上字第 167 號、58 年臺上字第 268 號判決謂：「無效之法律行為，雖任何人均得主張，但以無效為原因請求回復原狀時，必須有回復原狀請求權者始得為之。」

㈢確定無效

是指無效的法律行為的無效，自其成立時即已確定，將來不會因時間的經過而補正，即以後不可能再發生效力，即使情事變更或當事人願意予以承認，除法律另有規定外，亦無法使其生效而言。❸無效的法律行為，既不會因為當事人未在一定期間內予以撤銷，而成為有效的法律行為，故與得撤銷的法律行為不同，❹也不會因當事人嗣後的承認，而使其成為有效的法律行為，或因嗣後的治療而復活，故也與效力未定的法律行為有別。如雙方當事人對於無效的法律行為，嗣後都願意「承認」其為有效的法律行為，則不妨探求其真意，將其意思表示解釋為係就另一新的法律行為為意思表示，並於其具備有效法律行為的要件時生效，❺故當事人之間有效的法律行為，乃是新的法律行為，而不是原來無效的法律行為因嗣後的補正而生效。

民法第 166 條之 1 關於無效的法律行為，有得因嗣後的行為治療其瑕疵而生效的特別規定：「契約以負擔不動產物權之移轉、設定或變更之義務為標的者，應由公證人作成公證書。未依前項規定公證之契約，如當事人已合意為不動產物權之移轉、設定或變更而完成登記者，仍為有效。」違反本條第 1 項規定，而未作成公證書者，依民法第 71 條之規定原應屬無效，但第 2 項規定其瑕疵得治療後，已使本條成為「不以違反強制或禁止規定的行為為無效」的規定。

---

❸ 最高法院 41 年臺上字第 1050 號判決及 73 年臺上字第 712 號判決均謂：「無效之行為，在法律行為當時，已確定不生效力，不因事後之情事變更，或當事人行為，而回復為有效。」

❹ 最高法院 32 年上字第 671 號判例：「無效之行為在法律行為當時即已確定不生效力，與得撤銷之行為須經撤銷權人之撤銷始失其效力者，顯有不同。」

❺ 最高法院 33 年上字第 1723 號判例：「婚約應由男女當事人自行訂定，民法第九百七十二條定有明文，其由父母代為訂定者當然無效。且婚約為不許代理之法律行為，縱令本人對於父母代訂之婚約為承認，亦不適用關於無權代理行為得由本人一方承認之規定，如由當事人雙方承認，應認為新訂婚約。」

　　法律行為有時在法律有其應屬無效的規定，但又另有並不以之為無效的特別規定（民71但），此時因適用特別規定，即不宜再謂其為無效的法律行為。如原屬無效的法律行為，已依法律轉換為其他有效的法律行為者（民112），此時亦不宜再將其轉換所成的有效法律行為，視為無效的法律行為。

二、無效的種類

　　無效的法律行為雖有上述特性，學理上仍認為其無效可再為下列各種分類：

㈠自始無效與嗣後無效

　　自始無效是指法律行為自其成立時，即有無效的原因而無效者；嗣後無效則指法律行為於成立時，尚無無效的原因，後來才發生無效的原因而歸於無效者。一般無效的法律行為，都是因為根本欠缺生效要件，而屬於自始無效，例如法律行為違反強制或禁止之規定（民71）、有背於公序良俗（民72）、當事人無行為能力（民75）及以不能之給付為標的（民246）等。少數無效的法律行為，於成立時並無無效的原因，但在生效前，卻發生無效的原因，而成為嗣後無效者，例如附停止條件法律行為之標的，於停止條件成就前變成給付不能（民246 II），或受遺贈人於遺囑發生效力前死亡，其遺贈即成為嗣後無效的法律行為（民1201）。

㈡絕對無效與相對無效

　　絕對無效是指法律行為的無效，任何人均得主張其無效，亦得對任何人主張其無效者。相對無效是指法律行為的無效，僅得由特定人主張或對特定人主張其無效，即當事人對一部分人得主張其無效，但對其他人（主要為善意第三人）卻不得主張其無效，而使該其他人仍得主張其為有效者。絕對無效是無效的法律行為效力範圍的原則，於法律有明文規定者為限，始為相對無效。絕對無效的無效行為，包含受監護宣告之人的法律行為（民

15)、違反強制或禁止規定的法律行為（民71）、限制行為能力人未得法定代理人允許所為的單獨行為（民78）。相對無效的無效行為，可以通謀而為之虛偽表示無效，但不得以其無效對抗善意第三人為例（民87 I 但）。❻

㈢全部無效與一部無效

法律行為的個數主要是依其法律效果而定，在有一個法律效果的單一法律行為中，其內容有時可以分為數部分。全部無效是指單一法律行為的全部內容，均欠缺生效要件而無效；一部無效是指其內容的一部分，因欠缺生效要件而無效，其他部分並未欠缺生效要件者。前者例如甲一次向乙購買大麻及安非他命各一包，其買賣契約的每一部分均違反禁止買賣毒品的規定，全部均為無效（民71）；後者例如甲一次向乙購買安非他命及合法的安眠藥各一包，其中安非他命部分固違反法律之禁止規定，安眠藥部分則為合法。關於一部無效的問題，詳見以下的說明。

三、法律行為的一部無效

㈠概　說

單一法律行為的效力，在其各部分均具備或不具備生效要件，即全部有效或全部無效時，在認定上比較沒有問題，但在一部分具備生效要件另一部分不具備時，其效力得否分割為不同的二部分，或應一體認定為全部無效或全部有效，即非無疑義。我國民法第111條規定：「法律行為之一部分無效者，全部皆為無效。但除去該部分亦可成立者，則其他部分，仍為有效。」本條的本文部分，是採全部皆為無效的原則，其目的在維持無效法律行為的一體性及完整性，避免同一法律行為的各部分的效力不一致；但

---

❻　法律行為的有效，有時也有「不得（以之）對抗（善意）第三人」的限制，例如民法第27 III、31、85 II、107、334 II、426-2 III、557、873-1 I、1003 II 條，此種狀態其實就是「相對有效」，但通常被稱為「欠缺對抗要件的法律行為。」請參閱施啟揚，《民法總則》，自版，2005年6月6版，頁302。

書則是以各部分彼此可以分立為前提，例外承認單一法律行為也可以「一部有效、一部無效」。

(二)須為單一法律行為

本條的適用是以單一法律行為的「一部分」無效，其餘部分並不具備無效的原因，即系爭法律行為須具有單一性為前提。如當事人之間有多數法律行為，各法律行為的「有效性」應各自獨立判斷，倘其中有一法律行為無效，其他法律行為仍應就其本身之要件認定，並無本條的適用，除有因行為之外，亦不受某單一法律行為無效的影響。當事人之間究竟為一個法律行為或數個法律行為，並非以其主觀的意思為準，而須依法律的規定及學理審慎認定之，由於當事人的數個法律行為同一時間或很短的時間內先後為之者，亦常有之，如何認定也成為實務上的重要課題。❼在最高法院 91 年臺上字第 821 號判決中，當事人丙、丁訂立系爭不動產買賣契約時，雙方均知買賣之土地擬作整體規劃開發使用，一次買賣十多筆土地，各筆土地之位置毗鄰，旱地與林地交織其間。其中為旱地之土地，因丙無自耕能力，其買賣契約為無效。此時似不妨就訂約當時之目的以觀，若非全部買賣，必互受牽制，無法達到預期之結果，亦有失契約之整體性及土地開發之經濟效益，故認定其為單一契約。

(三)須法律行為一部分無效

民法第 111 條以法律行為有一部分無效為前提，在最高法院 89 年臺上字第 2877 號判決中，當事人就系爭土地訂立買賣契約，但其面積於訂約前已短少 30 平方公尺，就短少部分是否為自始給付不能，而使系爭買賣契約

---

❼　從我國民法第 166 條之 1 及第 348 條之規定，可認為物權行為與債權行為在我國乃各別獨立的法律行為，即此二者並非同一法律行為的二部分，故似不宜以民法第 111 條為依據，使物權行為在債權行為無效時，亦歸於無效。筆者因此認為，「法律行為一體說」因違反物權行為獨立性的原則，在我國不宜作為緩和物權行為無因性原則的依據。

一部無效，即有疑問。最高法院指出：「以不能之給付為契約標的者，其契約為無效。法律行為之一部分無效者，全部皆為無效。但除去該部分亦可成立者，則其他部分，仍為有效，民法第二百四十六條第一項前段、第一百十一條定有明文。故一部之原始不能，亦可使契約一部無效。此一部無效之行為，在法律行為當時已確定不生效力，即不得依據此一部無效行為取得任何權利。買賣契約如一部無效，而出賣人就該無效部分已收取價金受有利益，致買受人受有損害，仍可成立不當得利。」

　　法律行為之一部具有「得撤銷」原因，但非「當然無效」時，如當事人予以撤銷使該部分歸於無效時，似宜認為也有本條的適用，以使其效力符合當事人的意思及交易情況。

㈣一部有效的法律效果

　　契約行為的效力，如為一部分無效而其他部分有效時，當事人於訂約時知其無效或可得而知者，依第 247 條第 2 項準用第 1 項規定，對於非因過失而信契約為有效致受損害之他方當事人，負賠償責任。其他法律行為如一部分無效而其他部分有效時，當事人於行為當時知其無效，或可得而知者，亦宜類推適用民法第 113 條規定，負回復原狀或損害賠償之責任。

㈤判斷標準

　　單一債權契約以數個可分的給付為標的者，在實務上常發生如何適用本條規定的爭議。❽在最高法院 75 年臺上字第 1261 號判例中，當事人的合建契約包含 37 筆土地，並合併為一整體規劃及建築，其中 13 筆土地在保護區，不得興建建築物，故該部分契約，因係以不能之給付為契約標的而無效，其餘部分是否依民法第 111 條本文之規定，「全部皆為無效」，或依其但書之規定「仍為有效」，雙方發生爭議。最高法院指出：「民法第一

---

❽　最高法院 59 年臺上字第 152 號判決：「土地與房屋為各別之不動產，地上房屋之買賣縱應認為無效，依民法第一百十一條但書規定，土地部分是否亦應一併視為無效，殊堪研求。」

百十一條但書之規定，非謂凡遇給付可分之場合，均有其適用。尚須綜合法律行為全部之旨趣，當事人訂約時之真意、交易之習慣、其他具體情事，並本於誠信原則予以斟酌後，認為使其他部分發生效力，並不違反雙方當事人之目的者，始足當之。」

㈥具體個案

上述判例見解後來成為許多具體個案認定的準據，但契約的各部分是否具有「可分性」，亦即是否「除去該部分亦可成立」，並非單純的法律問題，而是係事實認定的問題，故應由法院斟酌之具體情況，個別認定之。最高法院實務上有下列個案可供參考：

1.在最高法院 85 年臺上字第 2901 號判決中，甲、乙訂立預購 13 樓房屋及其基地應有部分的買賣契約，但該房屋擬座落的土地經申請核准僅能興建 9 層之大樓，該房屋部分係屬自始客觀的不能給付，依民法第 246 條第 1 項前段規定，該契約應屬無效，另依甲、乙所訂之土地預定買賣契約書第 12 條特約之約定，系爭土地買賣契約因與地上房屋不可分離，而不得單獨成立，故亦屬自始不生效力。

2.在最高法院 85 年臺上字第 321 號判決中，當事人丙、丁同時將持股折價讓與戊，丙為該公司董事，其出資轉讓未獲全體股東同意，依法為無效，由於丙、丁二人係同時將持股折價讓與戊，並同意將公司負責人名義變更為戊，戊顯係為取得公司經營權而受讓丙、丁二人之出資，故似可認為戊如未能取得丙之出資股權，即不願受讓丁之出資轉讓，丙轉讓出資股權之法律行為既為無效，同一協議之丁轉讓出資股權部分，即無民法第 111 條但書規定之適用，亦應認為無效。

3.在最高法院 86 年臺上字第 174 號判決中，當事人甲於一次買賣中，向乙購買農地十筆及道路用地五筆。由於私有農地所有權之移轉，其承受人以能自耕者為限(當時土地法第 30 條第 1 項前段之明文規定,民國 89 年修正時已予以刪除)，而甲無自耕能力，農地部分的買賣契約無效，但如只移轉道路用地，對其並無實益，似宜認為本件買賣行為全部皆為無效。

4.在最高法院 88 年臺上字第 3431 號判決中，當事人甲、乙約定以甲在七家公司所持之股票給乙抵償債務，未分別估算其各自得抵償之金額為若干，惟其中某一公司之股票之讓與，因違反公司法第 167 條之禁止規定，其讓與無效，該部分之抵償契約亦屬無效，乃發生是否七家公司股票之轉讓均全部歸於無效的問題。由於七家公司股票之抵償，尚非不得予以分別估算，且雖係基於同一協議之抵償行為，惟其中某一公司之股票不得抵償，其他公司之股票似無必然亦不得抵償，故似宜探當事人協議時之真意，而認為其餘部分仍屬有效。

㈦特別規定

對於法律行為的一部分無效時，法律如已特別規定不同於第 111 條的明文者，無論其僅針對部分為禁止規定，例如民法第 205、380、449、921條等，或針對一部無效的法律效果，設有不同於第 111 條的特別規定，例如民法第 226、266 條及團體協約法第 19 條等，❾均應優先適用此等規定。此外，當事人如約定法律行為之一部無效時，即無條件全部無效，或僅該部分無效，不影響其他部分的效力，當事人並應協商其他替代之內容時，基於私法自治及契約自由的精神，原則上亦應排除本條規定的適用。

---

❾　民法第 226 條規定：「因可歸責於債務人之事由，致給付不能者，債權人得請求賠償損害。前項情形，給付一部不能者，若其他部分之履行，於債權人無利益時，債權人得拒絕該部之給付，請求全部不履行之損害賠償。」第 266 條規定：「因不可歸責於雙方當事人之事由，致一方之給付全部不能者，他方免為對待給付之義務；如僅一部不能者，應按其比例減少對待給付。前項情形，已為全部或一部之對待給付者，得依關於不當得利之規定，請求返還。」團體協約法第 19 條規定：「團體協約所約定勞動條件，當然為該團體協約所屬雇主及勞工間勞動契約之內容。勞動契約異於該團體協約所約定之勞動條件者，其相異部分無效；無效之部分以團體協約之約定代之。但異於團體協約之約定，為該團體協約所容許或為勞工之利益變更勞動條件，而該團體協約並未禁止者，仍為有效。」

四、無效法律行為的轉換

㈠轉換的意義

　　當事人之所以為法律行為，都是希望發生一定的法律效果，故依私法自治的原則，除違反強行規定或公序良俗外，應儘量使其法律行為有效。不諳法律的當事人為發生一定的私法上效果，如其內心有「首選」的 A 效果意思及「次佳」的 B 效果意思，在其知悉表示 A 效果意思未能實現目的時，必將退而求其次地表示 B 效果意思，即希望把握每一個可以使其法律行為有效的機會。為減少當事人之間的無效法律行為，避免當事人重複為類似的法律行為而勞費過鉅，民法第 112 條乃規定：「無效之法律行為，若具備他法律行為之要件，並因其情形，可認當事人若知其無效，即欲為他法律行為者，其他法律行為，仍為有效。」

　　本條的立法目的，是要兼顧交易安全的前提下，盡量成全當事人為法律行為所為的意思表示，故於當事人具有「轉換的效果意思」，即「若知其無效，即欲為他法律行為」，或希望完成相近似的法律行為，以實現相近似的法律效果或經濟目的的意思時，即將無效之法律行為轉換為另一個有效的法律行為。依本條規定，當事人之 A 法律行為無效時，若其行為已具備 B 法律行為之要件，且依 B 法律行為亦可達成同一之目的者，而當事人若知 A 法律行為無效，即有為 B 法律行為之意思，此時為尊重當事人之意思，應認為 B 法律行為為有效。例如當事人發出票據之行為，雖因法定要件欠缺而無效，若可作為不要因債務之承受契約時，應認為其契約仍為有效。

㈡轉換的要件

　　無效法律行為的轉換為有效的法律行為，必須具備下列要件：

1.須有無效的法律行為

　　無效一詞應採廣義解釋，其原因固無限制，除包含原法律行為當然無效及經撤銷而無效的情形在內之外，不論為該法律行為是全部無效或部分

無效，亦均得適用轉換的規定。法律行為必先有一個無效的法律行為，故必須先探求當事人的真意，解釋其所為的意思表示究竟是為 A 法律行為或 B 法律行為，如其所為者為無效的 A 法律行為，固有轉換為 B 法律行為的問題，如認定其所為者為有效的 B 法律行為，則無轉換可言。

2.須具備其他法律行為的要件

法律行為的要件各不相同，同一行為可能不符合 A 法律行為的要件，而為無效，但具備 B 法律行為的要件，此時宜將其轉換為 B 法律行為，以符合當事人之意思。轉換時通常是由要件較複雜、形式較嚴格的 A 法律行為，轉換為要件較單純、形式較簡單的 B 法律行為。最常見的是形式很嚴格的簽發票據行為，在其無效時轉換為民法上的指示證券或無記名證券。

3.當事人須有轉換為其他法律行為的意思

此種意思的內容，是當事人如知悉原來的 A 法律行為無效，即不為該無效的 A 法律行為，而欲為其他有效的 B 法律行為。當事人此種「假設的意思」的有無，通常無法從當事人已表示的意思的解釋探知，其認定應依法律行為當時的客觀情形，即當事人所欲實現的經濟目的及可認知的利益衡量等因素為之。關於此點，最高法院 39 年臺上字第 363 號判決可供參考：「本於偽造買賣書據之原因，所為移轉所有權之登記，自屬不生效力。但若被繼承人以贈與之意思，並以買賣方式將其土地所有權移轉於繼承人者，其在買賣書據上所使用之署名經鑑定為真正，則他繼承人尚不得任意主張所有權移轉為無效，而請求塗銷登記。」

(三)轉換的方式

無效法律行為的轉換為其他有效的法律行為，有依當事人意思而轉換及依法律規定而轉換等二類。前者是以民法第 112 條為依據，故其轉換必須具備前述各項要件，下列情形均屬之：設定地上權契約無效時，可轉換為設定土地租賃契約；期限屆滿前無正當理由終止僱傭契約而無效時，可轉換為期限屆滿時終止契約的表示；不具備法定方式的票據無效時，可轉換為民法的指示證券或無記名證券。後者的轉換有法律的明文規定為依據，

學理上稱為「當然轉換」，例如「遲到之承諾，視為新要約」（民 160 I）；未以字據訂立的不動產租賃契約，其期限逾一年者，「視為不定期限之租賃」（民 422）；「無效之密封遺囑而具備自書遺囑之方式者，有自書遺囑之效力」（民 1193）等。

五、無效法律行為的效果

法律行為無效時，固然不能發生當事人預期的法律效果，但為保護為了無效的法律行為而受其他損害的相對人，在法律上乃規定其他的法律效果。民法第 113 條規定：「無效法律行為之當事人，於行為當時知其無效，或可得而知者，應負回復原狀或損害賠償之責任。」本條規定屬於法定責任，與因法律行為生效而發生的責任不同，其目的雖在求當事人間的公平合理，但與其他為類似目的而規定的條文，例如侵權行為損害賠償請求權、不當得利返還請求權、締約上過失及所有物返還請求權等，產生交錯而複雜的關係。❿

無效法律行為之當事人，其負損害賠償之責任，要件或須明文予規定，避免爭議，但其負回復原狀之責任，似為理所當然，不待明文規定；⓫不過，本條規定上述二者均須以其於行為當時知其無效，或可得而知者為限，乃引起對其規範功能的質疑。⓬

---

❿ 詹森林，〈民法第一一三條與其他規定之競合關係〉，《台灣本土法學雜誌》，第 1 期，頁 37。

⓫ 在最高法院 96 年臺上字第 252 號判決中，甲公司為股份有限公司之組織，乙為該公司原始出資人之一，且為董事，雙方違反公司法第 167 條第 1 項前段不得自將股份收回、收買或收為質物之規定，移轉甲公司所有之系爭吊車，其行為應屬無效。如甲公司依民法第 113 條之規定，請求乙交付返還系爭吊車，即是以乙占有系爭吊車係無權占有為前提，乙是否因善意而受法律規定之保護，乃是另一問題。

⓬ 王澤鑑，〈民法第一一三條規範功能之再檢討〉，《民法學說與判例研究㈣》，自版，1982 年 4 月初版，頁 63。認為本條係在限制損害賠償請求權者，認為無效法律行為的當事人首先應回復原狀，不能回復時始得以金錢為賠償（民 213、

　　最高法院實務上對於本條的適用，早期以最高法院 49 年臺上字第 1597 號判例的下列見解為代表，認為是限制當事人回復原狀的責任：「契約無效，乃法律上當然且確定的不生效力，其當事人於行為當時，知其無效或可得而知者，應負回復原狀或損害賠償之責任。至契約之解除，乃就現已存在之契約關係而以溯及的除去契約為目的，於契約解除時，當事人雙方均有回復原狀之義務，故契約無效與契約解除性質上並不相同。」 ❸

　　後來最高法院的裁判，有認為損害賠償具有替代回復原狀的功能者，也有認為本條為普通規定，其他條文為特別規定者。前者例如在 93 年臺上字第 910 號判決中，甲向乙購買系爭農地，並已受給付，因甲不符承受後能自耕之要件，系爭買賣契約為無效，最高法院指出，民法第 113 條之目的在求當事人間之公平合理，以免他方當事人因此受有不利益，並認為甲負有回復原狀之義務，嗣因系爭農地經政府徵收致不能回復原狀，甲自應負損害賠償義務。後者可參考 87 年臺上字第 1396 號判決及 95 年臺上字第

---

214)。如甲明知自己收藏的 A 古董早已遺失，而仍與乙的 B 古畫交換並已取得 B 古畫所有權，甲應返還乙的 B 古畫，如有毀損滅失，應以金錢賠償。負損害賠償責任者，以惡意或善意而有過失者為限。施啟揚，《民法總則》，自版，2005 年 6 月 6 版，頁 306。

❸ 引用本則判例者，參見最高法院 91 年臺上字第 1412 號判決：「按契約無效，乃法律上當然且確定的不生效力，其當事人於行為當時，知其無效或可得而知者，應負回復原狀或損害賠償之責任。至契約之解除，乃就現已存在之契約關係而以溯及的除去契約為目的，於契約解除時，當事人雙方均有回復原狀之義務，故契約無效與契約解除，性質上並不相同（本院四十九年臺上字第一五九七號判例參照）。契約無效與契約解除，二者不能並存，究竟以何者為是，事實審法院應明確審認判斷，以為適用法律之依據。」見解與本則判例相同者，參見 81 年臺上字第 856 號判決：「法律行為無效，應負回復原狀之責任者，以於行為當時，知其無效或可得而知之當事人為限，此觀民法第一百十三條之規定自明。本件工程之投標須知既明定同一廠商投遞同一工程有標封二封以上者，其所投之標無效，所繳之押標金不予退還。上訴人竟對該工程投遞標封二封，被上訴人以其違反上開須知規定，認定其投標無效，不予發還兩標之押標金一百二十萬元，核無違背法律禁止規定，公序良俗或誠實信用原則之可言。」

734 號判決（詳見本章第四節案例解析案例 1 之解析）。

第二節　　得撤銷的法律行為

two ● ●●

一、撤銷的意義

撤銷在民法上有數種含義。狹義的撤銷是指對於有瑕疵的意思表示，即因錯誤、誤傳、被詐欺、被脅迫等而為的意思表示，使其從有效溯及既往變成自始無效的行為。廣義的撤銷除包含狹義的撤銷之外，尚包含：㈠法律行為的撤銷，如限制行為能力人營業允許的撤銷（民 84 II）、贈與的撤銷（民 416）等沒有瑕疵的法律行為的撤銷；㈡須向法院聲請的撤銷，如暴利行為的撤銷（民 74）等；及㈢非法律行為的撤銷，如監護宣告的撤銷（民 14 II）、法人許可的撤銷（民 34）等。此處所討論的撤銷，是狹義的撤銷，其撤銷權人如行使撤銷權，有瑕疵的意思表示即溯及地歸於消滅。

二、撤銷的客體

撤銷的客體，在民法第 88、89、92 等條文之中，是意思表示，在第 114 條之中是法律行為。由於意思表示是法律行為的要素，撤銷意思表示亦使法律行為欠缺其要素，故意思表示有瑕疵亦使法律行為的效力發生動搖，撤銷須以法律有明文規定為限，故似宜認為意思表示有瑕疵時，撤銷的客體乃是其意思表示，但撤銷的結果亦使法律行為歸於無效。

意思表示或法律行為經撤銷者，視為自始無效（民 114），❶❹故如對於自始無效的意思表示或法律行為，再予以撤銷，邏輯上似無意義。被撤銷的意思表示或法律行為，一般亦因此認為必須以已發生效力者為限。❶❺對

---

❶❹　最高法院 32 年上字第 671 號判例謂：「無效之行為在法律行為當時即已確定不生效力，與得撤銷之行為須經撤銷權人之撤銷始喪失其效力者，顯有不同」。

❶❺　不同意見，請參閱王澤鑑，〈無效法律行為之撤銷〉，《民法學說與判例研究㈣》，

於尚未發生效力的意思表示或法律行為，有時依法律規定得阻止其發生效力，此時並非撤銷，而是「撤回」的問題，例如意思表示之撤回（民95 I）、要約之撤回（民162）。意思表示全部有瑕疵者，得全部撤銷之，一部分有瑕疵，且與其他部分可分者，得僅撤銷該部分。

三、撤銷權

對於已經生效的意思表示，要在嗣後予以撤銷而使其自始無效，須以其意思表示有瑕疵者為限。意思表示的瑕疵指意思表示不健全或欠缺，而不能發生完全的法律效力者，其具體內容主要錯誤（民88）、誤傳（民89）、被詐欺、被脅迫（民92）等情形。

㈠撤銷權的發生

當事人的意思表示如有瑕疵，只要符合法律規定之要件，即可撤銷其意思表示。在最高法院96年臺上字第2035號判決中，當事人於強制執行的拍賣程序中，因錯誤而為意思表示，最高法院肯定拍定人得撤銷其應買之意思表示，並指出：「依強制執行法所為之拍賣，仍屬買賣性質，拍定人為買受人，執行法院僅代表出賣人立於出賣人之地位，法並未禁止拍定人得以其錯誤或不知情事而撤銷其投標應買之意思表示。又法律行為經撤銷者，視為自始無效，民法第一百十四條第一項亦有明定。因此強制執行程序中之拍賣，如拍定人合法撤銷其投標應買之意思表示時，即自始無效。執行法院之拍定表示即因投標應買意思表示之欠缺，而不生拍定之法效。」

撤銷權係依法律規定而發生，其權利主體依各該條文的規定，乃是因錯誤、誤傳、被詐欺、被脅迫意思表示之表意人，但在訴訟上表意人必須具體指明其法律依據，故在最高法院84年臺上字第844號判決中，當事人係鄉鎮都市計畫之主辦機關，於標售系爭土地時，隱瞞系爭土地業經省都

自版，1982年4月初版，頁25以下。但如撤銷權人在法律上有較優於無效法律行為的相對人的地位（例如額外的損害賠償請求權或對抗第三人的效力），承認對無效法律行為的撤銷，即屬理所當然。

委會通過變更為商業區限制建築之重要事實，致相對人無法依計畫利用系
爭土地,最高法院即指出:「因錯誤而為意思表示與因被詐欺而為意思表示,
所得撤銷意思表示之要件及法律效果，並不相同。」

㈡撤銷權的行使

由於撤銷權並非一身專屬權，故各該瑕疵法律行為的利害關係人，有
時亦得行使撤銷權。例如在代理人為有瑕疵的法律行為而有得撤銷之原因
時，依民法第 105 條規定，其事實之有無固應就代理人決之，但由於代理
所為意思表示的效果直接歸屬於本人，故其撤銷權仍屬於本人，本人亦得
授權該代理人代為行使撤銷權。表意人如有撤銷權，繼受其法律地位的繼
承人及概括承繼人，於承受其意思表示或法律行為的效力時，亦承受該撤
銷權並得行使之；表意人的債權人為表意人怠於撤銷時，亦得依保全債權
之規定（民 242），代位行使其撤銷權。

撤銷權的相對人，為被撤銷的意思表示的相對人，有多數相對人時，
應對其全體為撤銷的表示。在契約，相對人即為他方當事人，在有意思表
示受領人的單獨行為，該受領人即為相對人，無受領人者，其相對人為因
該單獨行為而受有利益之人。例如甲欲拋棄 A 書（盜印本），卻誤取 B 書
而拋棄之，被乙依無主物先占而取得 B 書所有權時，甲如欲撤銷其拋棄 B
書之意思表示，應對乙為撤銷之意思表示,再向乙請求返還 B 書（民 767）。

㈢撤銷權的除斥期間

撤銷權為形成權，得行使撤銷權之人，如行使其撤銷權，有瑕疵的法
律行為即溯及地歸於消滅，成為確定無效的法律行為。該法律行為在被撤
銷之前，係處於可能將繼續有效，也可能因被撤銷而溯及地被認為無效的
不確定狀態，為避免其影響法律關係的安定過鉅，法律乃對撤銷規定其除
斥期間，限制撤銷權人應於一定期間內行使撤銷權：即自錯誤或誤傳的意
思表示後一年（民 90）、自發現詐欺或脅迫終止後一年或自意思表示後十
年（民 93），超過此等期間，即不得再行撤銷，該法律行為即確定為自始

有效。得撤銷的法律行為，如係因侵權行為（詐欺、脅迫）而發生者，其被害人（撤銷權人）對於該法律行為的撤銷權，雖因除斥期間的經過而消滅，仍得拒絕履行因該法律行為而生之債務（民 198 參照）。

㈣撤銷權人的承認

得撤銷的意思表示或法律行為的效力，除得因撤銷權人行使撤銷權，或撤銷權因除斥期間經過而消滅，而確定其是否有效外，理論上亦得由撤銷權人拋棄其撤銷權，使其效力在除斥期間之內亦得先確定為自始有效。對此，一般都以民法第 115 條為依據：「經承認之法律行為，如無特別訂定，溯及為法律行為時發生效力。」本條的承認是以排除法律行為嗣後被撤銷的可能性為標的，為撤銷權人事後確認有瑕疵法律行為的單獨行為，其性質為撤銷權的拋棄。承認應以意思表示為之，撤銷的相對人確定者，其承認的表示應向該相對人為之。承認不必向法院為之，亦無須依一定的方式，明示及默示之承認表示，均可發生效力。[16]承認有溯及效力，經承認的有瑕疵的法律行為，即確定有效，不得再行撤銷。但為顧及當事人的利益，並貫徹私法自治的精神，當事人如另有約定時，亦可限制其溯及效力，使該法律行為不自始有效，而自某一時期發生效力。

民法第 115 條所謂「承認」，除承認「得撤銷之法律行為」之外，主要為承認「效力未定之法律行為」。此二者都是表意人在法律行為之後，同意其所為之法律行為有效的行為，但其性質仍有不同：前者是確認已發生效力的法律行為，使其不再消滅，亦即撤銷權的拋棄，具有事後追認的性質；後者是在法律行為成立之後，補充法律行為的生效要件，使尚未發生效力的法律行為，確定為有效，並自始發生效力，[17]具有事後同意的性質。

---

[16]　最高法院 82 年臺上字第 564 號判決：「被上訴人於發現錯誤，即向上訴人表示願退還已收之價金，不願將非上訴人耕作之土地出售，顯屬撤銷權之行使，又在民法第九十條所定之除斥期間內為之，依同法第一百十四條之規定，法律行為一經撤銷者，視為自始無效，從而上訴人本於無效之買賣契約所為之請求，自難准許。」（本件之買賣契約誤載土地地號）

四、撤銷的方式

撤銷權為形成權的一種,撤銷為行使撤銷權的單獨行為。撤銷應以撤銷權人一方的意思表示為之,如相對人確定,撤銷的意思表示應向相對人為之(民 116)。行使撤銷權不以一定的方式為必要,不論為明示或默示方式,以書面或言詞方式為之皆可。此處之撤銷無須向法院提起訴訟,**⓲** 當事人如對是否得撤銷或是否已撤銷發生爭執,為求法律關係明確,自得向法院提起確認之訴,請求確認得否撤銷及法律行為是否已因撤銷而無效。撤銷時為使將來舉證方便,通常以郵局存證信函為之。**⓳**

五、撤銷的效力

㈠對法律行為的效力

有瑕疵的意思表示或法律行為,經表意人撤銷後,依民法第 114 條即「視為自始無效」。所謂自始無效,即等於未為法律行為,溯及地不發生預期的法律效力。法律行為經撤銷後,以絕對無效為原則,其效力亦及於第三人。例如甲受乙詐欺而訂定承攬契約,丙為擔保甲的履行與乙訂定保證契約,如甲撤銷該承攬契約,丙即得不負代為清償之責。**⓴** 但為維護交易之安全,設有例外規定,即撤銷被詐欺的意思表示,其撤銷不得對抗善意第三人(民 92 II)。

有些撤銷的效力有特別規定,例如民法第 998 條規定:「結婚撤銷之效力,不溯及既往。」此乃為顧及身分關係的安全,避免所生子女成為非婚生

⓱ 參照最高法院 51 年臺上字第 2268 號判決。

⓲ 在廣義的撤銷行為中,有須聲請法院以訴訟方式撤銷者,例如民法第 74 條撤銷暴利行為、第 244 條撤銷詐害行為、第 989 條至第 997 條撤銷婚姻等。

⓳ 參照最高法院 90 年臺上字第 475 號判決。

⓴ 為保護保證人之利益,民法第 744 條規定:「主債務人就其債之發生原因之法律行為有撤銷權者,保證人對於債權人,得拒絕清償。」

子女，故結婚撤銷後，只是往後失其效力，而非視為自始無效。

㈡撤銷權人應負的責任

表意人撤銷有瑕疵的意思表示或法律行為時，其法律行為視為自始無效，故不發生當事人原來就該法律行為所預期的效力，但仍應依法律規定發生其他法律效果。例如意思表示有被詐欺或被脅迫等不自由情事時，被害人可能得依侵權行為的規定請求損害賠償。此外，得撤銷法律行為的當事人，如於行為時知其得撤銷或可得而知者，其法律行為撤銷時，依民法第 114 條第 2 項規定，準用第 113 條規定，故應負回復原狀或損害賠償責任。物權行為被撤銷者，其物權視為自始未變動，已交付標的物者得請求受領人返還其物。債權行為被撤銷者，一方當事人得依不當得利的規定，請求他方所受領的給付，如當事人雙方於法律行為成立後，曾互為給付，在撤銷後，應互負回復原狀之義務。㉑

第三節　效力未定的法律行為

three ● ●●

一、效力未定的意義

當事人所為的法律行為的效力，除確定有效、確定無效及得撤銷等三類型之外，尚有其發生效力與否尚未確定，必須由第三人予以承認或拒絕，即以補助法律行為效力的行為介入其中，始能確定為有效或無效的法律行為。此種法律行為既不是完全欠缺生效要件而當然無效，也不是有瑕疵而得撤銷的法律行為，而是在第三人予以承認或拒絕以前，效力處於浮動而不確定狀態的法律行為，在學理上稱為效力未定的法律行為。例如限制行為能力人所訂的契約，如未經法定代理人事前予以同意（允許），在訂定之後須經法定代理人予以承認（事後同意），始能生效（民 79），其在未經承

㉑　參照最高法院 69 年臺上字第 3293 號判決。

認以前，即為效力未定的法律行為。

民法對於效力未定的法律行為，形式上於第 117 條及第 118 條分別規定：⑴須得第三人同意的行為及⑵無權處分行為，實際上後者也是須得第三人同意的行為。效力未定的法律行為的當事人，其法律關係雖處於不安定的狀態之中，但法律通常將此等法律關係不安定的利益，賦予弱勢的一方當事人享有（例如限制行為能力人），而由他方當事人承擔其風險，故對於第三人予以承認或拒絕，並無一定期間的限制，與撤銷權之行使設有除斥期間者不同。相對人如欲確定法律關係，通常可依法律規定對第三人為催告，倘其相應不理，其效力未定狀態因此也可能長期存續，並不因一定期間的經過而使法律行為確定有效。此種情形通常顯示各當事人對於此項法律行為的效果，並無重大利害關係，例如未成年人未得法定代理人同意所訂定的買賣契約，其與相對人均不當一回事，無人請求給付標的物或價金，該契約即可能長期處於效力未定的狀態。

二、須得第三人同意的行為

㈠意 義

當事人所為的法律行為，如依法律規定須有第三人同意（補助行為），始能發生確定有效的效果者，即以第三人的同意為生效要件的法律行為，在民法上稱為「法律行為須得第三人之同意始生效力者」，學理上稱為須得第三人同意的法律行為。同意在性質上可分為事前同意與事後同意，民法條文將前者稱為「允許」，後者稱為「承認」，一般的「同意」均包括允許及承認在內。

民法就須得第三人同意的行為，依其規定的形式不同可分為三種：⑴應得允許者：包含限制行為能力人為意思表示或受意思表示（民 77、79）、監護人處分受監護人之財產（民 1101）。⑵應經承認者：包含限制行為能力人未得法定代理人允許所訂之契約（民 79）、無權處分（民 118）、無權代理（民 170）、第三人之債務承擔（民 301）。⑶應得同意者：未成年人訂

婚（民 974）、未成年人結婚（民 981、990）、夫妻一方處分共同財產（民 1033）、未成年人兩願離婚（民 1049）、有配偶者被收養（民 1076）。

關於第三人的同意，民法第 117 條規定：「法律行為須得第三人之同意始生效力者，其同意或拒絕，得向當事人之一方為之。」可見同意為有相對人的單獨行為，其同意或不同意得向當事人的任何一方為之。例如法定代理人同意未成年人為法律行為，或對於其未經同意所訂之契約予以承認，得向未成年人或向契約行為的相對人表示。同意無須依一定方式為之，縱使該法律行為係要式行為，例如結婚或離婚等，其同意仍為非要式行為。事前所為的同意（允許），在該法律行為發生效力前，得由同意人予以撤回，但事後所為的同意（承認），為保護交易安全，同意人不得再撤回之。

㈡第三人同意或不同意的效力

法律行為須得第三人之同意始生效力者，如經第三人同意，無論是事前允許或事後承認，即溯及於法律行為時，成為確定有效的法律行為，如經第三人拒絕，則自始成為無效的法律行為。第三人未為同意或拒絕前，其效力不定狀態繼續存在，為效力未定的法律行為。例如限制行為能力人未得法定代理人允許所訂之契約、無權代理或無權處分等，未經承認前，均為效力未定的法律行為。效力未定的法律行為，其效力處於不確定狀態，對法律關係的安定不無妨害，故法律多設有補救規定，例如限制行為能力人未得允許所訂契約的相對人，有催告權或撤回權（民 80、82），未成年人未經同意而結婚者，其法定代理人得撤銷之（民 990），以促使其效力早日歸於確定。

三、無權處分行為

㈠意　義

在工商業社會中，法律行為之當事人常常無法事必躬親，而須授權他人代為處理。授權的方式有二種，一是授與他人代理權，以該他人為代理

人，此時代理人於代理權限內，以本人之代理人之名義所為之意思表示，直接對本人發生效力；一是授與他人處分權，使他人得以該他人自己之名義，處分授權人的權利。在後一情形中，權利人可以隱幕後，不以自己的名義處分權利，也不由他人以自己的代理人的名義處分權利，即可依計畫進行交易。

　　無權利人，以自己之名義，就他人權利之標的物所為之處分，稱為無權處分（民 118）。例如甲出國，將自己所有的 A 畫寄託於乙處，乙未經甲之允許，向丙表示 A 畫為乙自己所有，以 100 萬元出售給丙並即交付之，此時乙將 A 畫出售給丙的買賣契約，為債權行為，乙應自負履行之責，無須得甲之同意，即可生效，亦無無權處分的問題；但乙將 A 畫所有權移轉給丙的行為，為處分行為，其目的是要變動甲的所有權，故應得甲之同意，始可生效，如甲已事前同意，乙即為授權處分，應屬有效，如甲未事前同意，則為無權處分，應經甲的事後同意（承認），始生效力。民法為保障權利人的權利，並方便權利人管理及處分其權利，乃於第 118 條第 1 項規定：「無權利人就權利標的物所為之處分，經有權利人之承認始生效力。」

　　依本條項規定，須經有權利人之承認始生效力者，乃是簡稱為無權處分的「無權利人就權利標的物所為之處分」。其中「處分」一詞，在民法的不同條文有寬嚴不同的解釋，例如民法第 765 條的「處分」包含事實上的處分及廣義的法律上處分，第 68 條第 2 項的「處分」是指廣義的法律上處分，包含狹義的處分行為及負擔行為在內，第 819 條的「處分」是最狹義的處分而言。第 118 條第 1 項的「處分」，從其生效須「經有權利人之承認」之角度觀之，應不包含不以意思表示為要素的事實上處分或事實行為，亦不包含因不影響他人權利而不須他人承認的負擔行為或債權行為，而是專指直接使他人的權利發生變動，即以該他人的權利發生、設定、移轉、變更、消滅為內容的處分行為；且由於可能發生變動的該他人權利，包含物權、債權及準物權，故本條項的處分行為的範圍，除物權行為之外亦包含準物權行為（如債權讓與）在內，但不包括負擔行為或債權行為在內。❷❷

---

　　❷❷　詳細的討論，請參閱王澤鑑，〈出賣他人之物與無權處分〉，《民法學說與判例

　　由以上可知，本條項的「無權利人」是指無處分權人，「有權利人」即指有處分權人而言。有處分權人原則上為所有權人，但不以所有權人為限，代理人、監護人雖非所有人，但也有處分權（民103、1101）；破產人對於屬於破產財團的全部財產，雖有所有權，卻無處分權（破產法75），繼承人雖為遺產的所有人，但在遺囑執行人執行職務中，對於與遺囑有關的該部分遺產，卻無處分權（民1216）。「權利標的物」是指無權處分的客體，其內容是指將因處分行為而發生變動的物權、準物權及債權，故「就權利標的物所為之處分」一詞，其實是指「就權利所為之處分」而言。例如受寄人乙擅自出售其代甲保管的 A 畫，並移轉所有權給丙時，乙「就權利標的物所為之處分」，其實是指乙移轉 A 畫的所有權給丙而言。

　　處分行為是指無處分權人以自己的名義所為的處分行為，如為負擔行為，因其不以有處分權為必要，既非「無權」，亦非「處分」，自非無權處分。❷❸無處分權人之處分行為，如是以有權利人的代理人的名義為之，例如上例中的甲未授與乙代理權，乙卻對丙宣稱其有甲的代理權，並以甲的代理人的名義讓與 A 畫的所有權，乃是「無權代理」，而非無權處分。無代理權人以代理人之名義所為之法律行為，非經本人承認，對於本人不生效力（民170 I），其法律上的效力與無權處分相當類似，但因其外觀及性質均不相同，在理論及實務上均應嚴予區別。❷❹

㈡無權處分的效力

1.有權利人的承認

　　第 118 條所規定者，為無權處分行為的效力，以及對原權利人及第三

研究㈣》，自版，1982 年 4 月初版，頁 129 以下；〈再論「出賣他人之物與無權處分」〉，同上，頁 141 以下；〈出租他人之物，負擔行為與無權處分〉，《民法學說與判例研究㈤》，自版，1987 年初版，頁 105 以下；〈私賣共有物，無權處分與最高法院〉，《民法學說與判例研究㈧》，自版，1996 年 10 月，頁 147 以下。

❷❸　參照最高法院 83 年臺上字第 2828 號判決。

❷❹　參照最高法院 87 年臺上字第 1049 號判決。

人利益保護的問題。法諺有云:「無人能將大於自己的權利, 讓與他人」(Nemo plusjuris ad alium transferre potest, quam ipse habet.), 此乃第 1 項「經有權利人之承認, 始生效力」規定所根據的原則。無權處分除依本條決定其效力外, 無處分人在民事上可能成立侵權行為, 而應負損害賠償責任, 在刑事上也可能構成詐欺、侵占等犯罪行為。無權處分如經有權利人之承認, 而發生效力, 雖與有權處分的效力相當, 但就其性質而言, 仍為「已生效」的無權處分, 而非變成有權處分。**❷⑤**

　　無權利人就權利標的物所為之處分, 本屬效力未定的法律行為, 但得權利人之同意後, 應認為有效。**❷⑥**可見有權利人的承認, 是使他人的無權處分行為, 發生確定效力的補助行為, 為該法律行為(無權處分行為)發生效力的要件, 而非該法律行為的一部分。有權利人之承認, 是要發生一定的法律效果的準法律行為, 仍以有權利人為承認的意思表示為必要, **❷⑦**但有權利人無須踐行一定之方式, 如有權利人就此有明示或默示之意思表示, 雖未以書面為之, 亦無妨於承認效力之發生。**❷⑧**無權處分行為的相對人, 不論是否明知處分人為無權處分, 於經有權利人承認後, 該處分行為均溯及於為處分時, 自始有效, 而得享有權利變動所生的利益(例如取得所有權)。

　　最高法院在裁判實務上, 曾認為第 118 條第 1 項的「處分」, 是指廣義的法律上處分, 即除物權行為及準物權行為之外, 亦包括買賣契約等債權行為在內, 其最具代表性者為 39 年度臺上字第 105 號判例:「系爭房屋就令如上訴人所稱, 係因上訴人出國往加拿大經商, 故僅交其母某氏保管自行收益以資養贍, 並未授與處分權, 但某氏既在上訴人提起本件訴訟之前死亡, 上訴人又為某氏之概括繼承人, 對於某氏之債務原負無限責任, 以民法第一百十八條第二項之規定類推解釋, 應認某氏就該房屋與被上訴人

---

❷⑤　參照最高法院 23 年上字第 2510 號判例。

❷⑥　參照最高法院 30 年上字第 344 號判例。

❷⑦　參照最高法院 53 年臺上字第 1445 號判決。

❷⑧　參照最高法院 33 年上字第 6950 號判例、53 年臺上字第 3356 號判決。

訂立之買賣契約為有效,上訴人仍負使被上訴人取得該房屋所有權之義務,
自不得藉口某氏無權處分,請求確認該房屋所有權仍屬於己,並命被上訴
人回復原狀。」

本則判例將無處分人就權利標的物所訂定的買賣契約,認定為無權處
分,在方法論上並非正確,但其肯定該買賣契約(債權行為)的效力,從
結果言,尚無不當。後來最高法院在 41 年臺上字第 835 號判決、69 年臺
上字第 3037 號判決、69 年臺上字第 558 號判決、及 78 年臺上字第 2170 號
判決中,亦大致採用相同的方法獲致類似的結論。

晚近最高法院已明顯變更其見解,例如 80 年臺再字第 62 號判決謂:
「呂佛生前將旗山糖廠所有五一七之七、五七九之七號土地出賣於呂生義
等,核係約定負擔移轉土地所有權之債務之負擔行為,既非處分行為,即
不發生無權處分問題。」在 83 年臺上字第 1138 號判決中,關於捐助章程所
規定之「財產之處分」一詞的解釋,最高法院亦指出:「被上訴人對其財產
之處分行為,必須報經其主管機關桃園縣政府核准,始得為之;如係負擔
行為則否。買賣及和解行為,僅足使當事人之一方對他方負擔給付義務,
係負擔行為而非處分行為。原審將處分行為與負擔行為混為一談,認兩造
間就系爭土地所成立之買賣及和解行為,均須報經桃園縣政府核准,否則
不生效力,已屬違誤。」

2.無權處分後取得權利

無權利人處分權利標的物,其處分行為本屬效力未定,但當事人既為
該處分行為,即有意使該處分行為生效,並發生權利變動的法律效果,故
儘管在處分行為之初,其行為因欠缺處分權而未能生效,須靜待有權利人
之承認始能生效,無權利人如嗣後已從有權利人受讓其權利,例如因買賣
或繼承關係而取得其物之所有權,而成為新的有權利人時,解釋上應有承
認其自己所為的無權處分的義務,故民法第 118 條第 2 項規定:「無權利人
就權利標的物為處分後,取得其權利者,其處分自始有效。但原權利人或
第三人已取得之利益,不因此而受影響。」

依本條項規定,無權利人為無權處分後,如取得其權利,不待其為任

意性之承認，其處分即自始有效。例如甲父的財產被其子乙為無權處分後，甲死亡，其遺產由乙繼承時，乙的處分行為雖原為無權處分，應認為其欠缺處分權的瑕疵已依本條項予以「補正」，而成為有權處分，故邏輯上應使其自始有效。❷此項邏輯與處分人原來並未取得該權利的實際情形，並不一致，故如貫徹溯及效力的原則，難免與原權利人或第三人實際上已取得的權利發生衝突。❸此時原權利人或第三人已取得之利益，依本條項但書規定，「不因此而受影響」，即此等利益之保護，應優先於無權處分人依前述邏輯所取得之利益。依本但書之規定，無處分權人的處分行為即使被認定為自始有效，其效力仍不應優於有處分權人的處分行為，故第三人自原權利人所取得的權利，不論其是否知悉無權處分之事實，其權利之取得均不受無權處分行為生效的影響。

　　舉例言之，甲因出國，與經營畫廊的乙就其所有的 A 古董，訂定自今年 1 月 1 日起到 6 月 6 日的借展契約。乙於 3 月 3 日將 A 古董無權處分，而移轉所有權給知情的丙，並與丙訂定期間到 7 月 7 日的借展契約，使丙取得 A 古董的間接占有，以代交付（民 761 II）；4 月 4 日又經甲的同意，設定質權給丁，由丁占有到 5 月 5 日。甲回國後，在 6 月 6 日以讓與合意的簡易交付（民 761 I 但），將 A 古董之所有權移轉給乙。乙在 7 月 7 日將 A 古董返還給丙。

　　本例中的乙自今年 1 月 1 日到 7 月 7 日，均占有 A 古董，並於 3 月 3 日就 A 古董為無權處分，在 6 月 6 日取得 A 古董的所有權，丁從 4 月 4 日到 5 月 5 日之間，也占有 A 古董，並為使用收益。依民法第 118 條第 2 項本文的規定，本例中的乙的無權處分，應溯及於 3 月 3 日，自始有效，但

---

❷　參照最高法院 31 年上字第 2898 號判例。

❸　本條項但書之規定，是因為無權利人就權利標的物為處分後，迄其取得其權利之期間內，如原權利人對該項標的物未為使用收益，亦未授權第三人使用收益時，固不生問題，倘原權利人或第三人仍使用收益，則承認無權利人之處分為自始有效，即顯然足以妨害原權利人及第三人在該期間內使用收益之權能，殊不相宜。

對原權利人甲而言,其對 A 古董的占有、使用、收益及處分等權能(民 765),均存續到 6 月 6 日止。如貫徹其原則,原權利人甲自 3 月 3 日乙無權處分之後,即失去其所有權,對甲的利益的保護實有欠缺,故宜依本條項但書的規定,認為甲於該期間之內仍為所有人,並得取得其利益。❸同理,如原權利人甲自 3 月 3 日乙無權處分之後,即失去其所有權,則乙經甲之同意而設定質權給丁的行為,亦將成為無權處分,甚不合理,故應依本條項但書的規定,於不影響丁已取得的質權的前提下,始承認丙自 3 月 3 日起取得 A 古董的所有權。

關於民法第 118 條第 2 項的類推適用及其法理,最高法院早於 29 年上字第 1405 號判例即指出:「無權利人就權利標的物為處分後,因繼承或其他原因取得其權利者,其處分為有效,民法第一百十八條第二項定有明文。無權利人就權利標的物為處分後,權利人繼承無權利人者,其處分是否有效,雖無明文規定,然在繼承人就被繼承人之債務負無限責任時,實具有同一之法律理由,自應由此類推解釋,認其處分為有效。」❸前述 39 年臺上字第 105 號判例也是根據相同的原則作成,其法理內容應係「無權處分後,有義務尋求承認的無權處分人及得予以承認的有權利人,同屬於一人者,其處分行為自始有效。」最高法院根據此項法理,補充法律規定不足的漏洞,值得肯定,但其將此一法理運用於不以有處分權為必要的負擔行為或債權行為,則值得檢討改進。

---

❸　設甲為名貴母狗 A 的所有人,甲於 1 月 1 日將 A 狗託養在乙處,乙在 1 月 15 日為無權處分,將 A 狗出售並移轉所有權給丙,A 狗在 2 月 2 日生產 2 隻小狗。如甲在 3 月 3 日將 A 狗的所有權讓與給乙,乙在 1 月 15 日的無權處分即依民法第 118 條第 2 項自始有效,2 隻小狗的所有權似應自當日即歸屬於乙,惟此種見解與原權利人甲於當日得就 A 狗為收益,並取得其天然孳息之原則相違(民 70 I、766),實非妥適,故在甲、乙之間及乙、丙之間,似均宜依其間之法律關係,例如買賣契約中關於標的物的危險負擔及利益移轉的規定(民 373),決定 2 隻小狗的所有權的歸屬。

❸　同一意旨之判決,可參見最高法院 39 年臺上字第 1462 號判決、56 年臺上字第 1722 號判決、94 年臺上字第 2273 號判決。

3.多數無權處分的問題

無權利人為無權處分後，如取得權利，該處分行為固然自始有效，但如無權利人曾經多次為無權處分，此時究竟應使每一處分行為均自始有效，或應僅以何一處分行為為自始有效，即有問題。民法對此於第 118 條第 3 項規定:「前項情形，若數處分相牴觸時，以其最初之處分為有效。」即是認為原則上每一處分行為均自始有效，但如數處分均自始有效，會發生效力上相牴觸或相衝突的情形時，則僅以處分的時間最早的無權處分，溯及於處分時自始有效，其他相牴觸的行為的生效，均不能影響該最初有效的處分行為的效力。

例如甲因出國，自今年 1 月 1 日起將其所有的 A 古董託乙保管。乙謊稱 A 古董為自己所有，與經營畫廊的丙就 A 古董，訂定自今年 2 月 2 日起到 6 月 6 日的借展契約。乙於 3 月 3 日以讓與返還請求權代替交付，將 A 古董無權處分，設定質權給知情的丁，再於 5 月 5 日以同一方式，移轉所有權給知情的戊，甲回國後於 6 月 6 日讓與 A 古董的所有權給乙。乙在 3 月 3 日將 A 古董設定質權給丁，及在 5 月 5 日移轉所有權給戊的行為，均為無權處分，則丁在 3 月 3 日就 A 古董取得質權，與戊在 5 月 5 日取得 A 古董的所有權，由於質權為定限物權，與所有權可以併存於同一標的物上，可認為丁取得 A 古董的質權後，乙仍得讓與其所有權，故戊於 5 月 5 日取得 A 古董的所有權時，丁的質權的負擔仍繼續存在於 A 古董。在本例中，乙的二個無權處分的自始有效，不致發生效力上的牴觸或衝突，均自始有效，但戊取得者為附有質權負擔的所有權。

反之，上例中的乙如在 3 月 3 日將 A 古董無權處分，移轉所有權給知情的丁，再於 5 月 5 日設定質權給知情的戊，而其無權處分均自始有效時，成立在後的戊的質權，與丁最初所取得者為無物上負擔的所有權，即互有衝突或牴觸。此時，不宜認為各處分行為均自始有效，使丁就 A 古董先取得的所有權，因乙後來的無權處分，而當然受該質權存在的限制，而應依民法第 118 條第 3 項的規定，僅使 3 月 3 日移轉 A 古董所有權給丁的無權處分自始有效，5 月 5 日設定質權給戊的無權處分仍屬效力未定，須經新

所有人丁的承認，始生效力。

(三)善意取得的問題

處分行為的生效會使權利發生變動，影響權利人的利益至鉅，故民法乃有上述不使其直接生效的規定，以限制無權處分人的權利，並保障權利人的利益。但在民法物權編中，物權的變動除依私法自治的原則，係因物權行為生效而發生者外，亦有為保護交易安全，提高物權配置的效率，而直接依法律之規定使物權發生變動者，善意取得即是其中一例。

在「善意取得」的制度下，動產之受讓人或受質人占有動產，而受關於占有規定之保護者，縱讓與人或出質人無移轉所有權或設定質權之權利，受讓人仍依法律的規定，取得其所有權或質權（民 801、886）。此時讓與人雖為無權處分，但善意占有動產的受讓人之所以取得該動產的所有權，乃是以法律的規定作為依據（民 801、886、948 以下），並不是因為無權處分已經生效，或無權處分已經成為有權處分。此等規定常被認為是無權處分的特別規定，不過，嚴格而言，善意取得的規定雖然與無權處分有關，但善意取得的規定並未創設無權處分的例外規定，也未對無權處分的規定有所修正，故在性質上似非無權處分的特別規定。

第四節	案例解析

 案例 1

當事人甲、乙訂立防彈衣買賣契約，約定甲向乙購買具有特定功能的防彈衣一批，總價為 3000 萬元，乙在投標時繳付的押標金 300 萬元，在簽約後移作履約保證金。後來甲認定彈衣測試不合格，拒絕支付價金，乙請求返還履約保證金 300 萬元，甲主張該金額應賠償其所受損害，亦拒絕返還。如乙發現甲、乙之間就有關系爭防彈衣防彈能力之約定，從防彈衣之物理性、衣服之設計及目前防彈衣之製作水準等限制觀之，屬於標的不能之給付，乃向甲請求返還履

約保證金 300 萬元，其請求有無理由？

▶ 解　析

　　本案例中乙的請求如有理由，應是根據其與甲就履約保證金所訂定之契約，或是根據關於契約無效的法律效果之規定。如是根據前者，應以該契約有效，且依其契約之內容，得請求返還履約保證金為要件；如是根據後者，乙似係根據民法第 113 條，故應符合該條之規定。由於 300 萬元之履約保證金，原來是押標金，在簽約後才移作履約保證金，故就一般情形而言，應認定其為買賣契約之從契約，或是以買賣契約有效成立為條件的另一契約，在買賣契約無效時，亦為無效。乙之請求權的依據，因此應考慮民法第 113 條及其他相關規定。

　　民法第 113 條規定：「無效法律行為之當事人，於行為當時知其無效，或可得而知者，應負回復原狀或損害賠償之責任。」乙如主張買賣契約的標的為給付不能，依民法第 246 條第 1 項規定，其買賣契約應為無效，而請求甲負回復原狀或損害賠償之責任時，須以甲於行為當時知其無效，或可得而知者為限。此種解釋方法限縮當事人回復原狀的責任，是否妥適固值得研究，但為最高法院 49 年臺上字第 1597 號判例所採：「契約無效，乃法律上當然且確定的不生效力，其當事人於行為當時，知其無效或可得而知者，應負回復原狀或損害賠償之責任。至契約之解除，乃就現已存在之契約關係而以溯及的除去契約為目的，於契約解除時，當事人雙方均有回復原狀之義務，故契約無效與契約解除性質上並不相同。」

　　最高法院在與本案例事實類似的 87 年臺上字第 1396 號判決及 95 年臺上字第 734 號判決中，均重申：「民法第二百四十七條第一項所定契約因標的不能而無效之締約上過失責任，與同法第一百十三條所定無效法律行為之當事人責任，二者法定要件未盡相同，且第一百十三條既編列於民法總則編而規定，其適用之範圍，自應涵攝所有無效之法律行為在內，而兼及於上開契約因標的不能而無效之情形。是契約因以不能之給付為標的而無效者，當事人除得依民法第二百四十七條第一項主張締約上之過失責任外，亦無排除適用同法第一百

十三條規定之餘地。」

　　故乙主張買賣契約及履約保證金之契約均無效，依民法第 113 條規定，請求甲返還所受領之履約保證金，如甲受領該履約保證金時係屬惡意（知其無效），或善意而有過失（可得而知），則乙請求甲返還該履約保證金，即有理由。

　　至於甲、乙於簽訂防彈衣買賣契約時，是否即已明知或可得而知其「給付不能」，而有締約上之過失，而應依民法第 113 條對他方負回復原狀及損害賠償責任，或依第 247 條第 1 項對於非因過失而信契約為有效致受損害之他方當事人，負賠償責任，乃是另一問題，應分別判斷之。

案例 2

　　甲有三筆土地，共 500 坪，甲之子乙未經甲授權，即以自己的名義與丙訂定買賣契約，出售其中未指定地點的 200 坪給丙，後來乙死亡，由甲繼承，如丙自行選定其中 200 坪的土地，請求甲交付並於分割後移轉其所有權，有無理由？

◉ 解　析

　　本案例係參考最高法院 78 年臺上字第 899 號判決。丙的請求如有理由，乃是其與乙所訂的買賣契約有效成立，且其債務人已變更為甲。

　　乙在訂定買賣契約時，對其標的物並無處分權，但因其為負擔行為，並不構成無權處分，故乙、丙的買賣契約可有效成立。對此，前述最高法院 39 年臺上字第 105 號判例就類似的案例採相同結論，其理由認為是「民法第一百十八條第二項之規定類推解釋」。該判例中將無處分人就權利標的物所訂定的買賣契約，認定為無權處分，在方法論上並非正確，但其肯定該買賣契約（債權行為）的效力，從結果言，尚無不當。

　　乙、丙的買賣契約如為有效，甲為乙的繼承人，當承受乙的債務人之地位（民 1148）。該買賣契約的標的物是甲的三筆土地中的 200 坪，似有法律行為標的確定性的疑慮。但本案的情形，最高法院認為其確定性已超過選擇之債，而可認為是標的確定的種類之債：「查所謂選擇之債，係指於數宗給付中，得選定其一宗為給付標的之債。其數宗給付相互間，具有不同內容而有個別的特性，為當事人所重視，故須經選定而後特定。與種類之債以給付同種類，同品

質、同數量之物為標的者，有所不同。」本件之土地面積達 500 坪，甲只要自其中割出 200 坪移轉登記給丙，即符合債務本旨。似此情形，丙並不重視該 200 坪土地之位置何在，對於受讓土地之利用價值如何，未特加在意，與上述選擇之債之性質，尚屬有間。故該買賣契約的標的應屬確定，其所生之債的性質非為選擇之債，而是種類之債。

依民法第 200 條第 1 項規定，給付物僅以種類指示者，依法律行為之性質或當事人之意思不能定其品質時，債務人應給以中等品質之物。故甲應自其土地中分割 200 坪之土地為給付，丙如自行選定其中 200 坪的土地，請求甲交付並於分割後移轉其所有權，並無理由。

案例 1

　　甲占有國有的 A 河川地種植甘蔗 20 餘年，乙聽說政府將在該地成立科技園區，明知 A 河川地不能辦理所有權移轉登記，並有被政府請求返還的風險，仍為套取政府對土地作物之補償費，向甲以 200 萬元購買在 A 河川地上的權利，並在 A 河川地改種特定植物。後來政府決定不予以補償，向乙請求無條件返還 A 河川地。乙血本無歸，心有不甘，請問：乙得否向甲請求返還 200 萬元？

● 解　析

　　本例中的乙可能以三種理由，向甲請求返還 200 萬元：⑴法律行為違反公序良俗，故為無效；⑵意思表示有錯誤，得撤銷之；⑶甲為無權處分，法律行為尚未生效。但基於下列理由，這三種理由均不能成立，故乙不得向甲請求返還 200 萬元。

　　⑴民法第 72 條所謂法律行為有背於公共秩序或善良風俗者無效，乃指法律行為本身違反國家社會一般利益及道德觀念而言。而法律行為是否違反公序良俗，則應就法律行為之內容，附隨情況，以及當事人之動機、目的及其他相關因素綜合判斷之（最高法院 83 年臺上字第 1530 號判決意旨參照）。依一般社會上有通常智識經驗之人所認知者，乙於買賣當時既明知 A 地為河川地，對於其未經政府同意占有使用 A 河川地，有可能隨時遭到政府追討而被剝奪 A 河川地之占有之風險，自有所認識；況且，依經驗法則一般人購買土地權利均相當慎重其事，何況乙購買 A 地之使用權利之金額並非少數，且河川地將來開發利用均可能受限於相關法令，若非乙已知甲無合法占有使用之權利，又豈有不查證 A 地相關資料以保障己身權益之理；又依目前社會現況，占有使用無合法權源之土地或房屋，仍有相當之占有使用利益可圖，故買賣無合法使用權源之土地使用權或受讓占有，或買賣房屋事實上處分權等情事仍相當常見，故甲、乙間之權利買賣契約尚難認為有何違反國家社會一般利益及道德觀念之情形。是以，基於契約自由原則，乙既自願向甲購買占有 A 地之使用權利，即難認為

該買賣契約有何違背公序良俗之可言（參照臺灣花蓮地方法院 96 年訴字第 26 號民事判決）。

⑵乙之所以高價向甲購買 A 地之使用權利，乃預期政府將對於開發 A 地時，對 A 地上之作物為優渥之補償，最後事與願違，其情形僅屬動機錯誤，而非意思表示內容之錯誤。如認為此項動機錯誤為標的物之性質之錯誤，依甲、乙交易的情形觀之，該動機仍不具有交易上的重要性，故乙不得依民法第 88 條予以撤銷。

⑶民法第 118 條關於無權處分的規定，僅適用於處分行為。甲對於 A 河川地雖無所有權亦無合法使用的權利，但由於甲、乙間之買賣契約係債權行為或負擔行為，而非處分行為，故無該條之適用，該行為僅使當事人之一方對他方負擔給付義務，縱未得到有權利人之同意或承認，亦不影響買賣契約之有效成立（參照最高法院 83 年臺上字第 1138 號、83 年臺上字第 2828 號民事判決）。

案例 *2*

甲有 A 地，為避免其債權人乙強制執行查封拍賣 A 地，與丙通謀虛偽買賣並完成 A 地所有權移轉登記。後來丙將 A 地出售給丁，並完成所有權移轉登記，甲知情後，向丁請求返還 A 地並塗銷移轉登記。如丁僅知悉丙係因買賣而取得 A 地所有權，不知甲、丙假買賣之情節，請問：甲的請求有無理由？

◉ 解 析

本案例中之甲如可向丁請求返還 A 地並塗銷移轉登記，應係以民法第 767 條為依據，而適用本條的前提，是甲應為 A 地之所有人，故於此應先判斷甲是否為 A 地之所有人之問題。A 地原來為甲所有，故關於 A 地所有權不再歸屬於甲的問題，應視 A 地的所有權是否因法律行為或法律規定而變動而定。

甲、丙之間的相關行為，包括訂定 A 地的買賣契約及移轉 A 地的所有權，前者是債權行為，後者是物權行為，但因為甲、丙關於買賣土地的意思表示，乃是通謀虛偽意思表示，依民法第 87 條之規定，債權行為及物權行為均無效，丙未能依無效的法律行為或其他法律規定取得 A 地的所有權。丙、丁之間的法律行為並非通謀虛偽意思表示，但 A 地為甲所有，丙的行為乃是出賣他人之

物,其中訂定 A 地買賣契約的行為,生效後僅發生丙應如何履行契約的問題,非屬民法第 118 條規定的無權處分,故為有效,至於移轉 A 地所有權的行為則屬於該條所規定的無權處分,則屬效力未定,即應得權利人甲之承認,始生效力。

　　丙、丁之間的物權行為雖未生效,但丁信賴丙作為 A 地所有人的登記外觀,土地法第 43 條及民法第 759 條之 1 第 2 項又有貫徹登記的效力及保護善意第三人之規定,丁自得以此等法律規定為依據,取得 A 地所有權,而甲亦同時喪失 A 地所有權。此外,依民法第 87 條第 1 項但書之規定,通謀虛偽意思表示之法律行為係屬相對無效,丁對甲、丙之間關於移送 A 地的無效法律行為而言,乃是善意第三人,甲不得以該法律行為的無效對抗丁,即丁可主張甲、丙移轉 A 地所有權的行為有效,丙係 A 地所有人,丙處分 A 地的行為非屬無權處分,故丁可因有效的物權行為而取得 A 地的所有權。丁既係 A 地之所有人,甲即非 A 地之所有人,故甲不得本於所有權,而向丁請求返還 A 地並塗銷移轉登記。

📑 案例 3

　　甲有 A 地及 B 地,A 地為種滿香蕉樹,且對外通行方便之平緩土地,B 地位於陡峭山坡,又長滿茂密叢林,人員難以進入,對外又為水溝阻斷,難以通行。甲因資金調度關係,擬出售 B 地,保留 A 地,後經友人介紹,與買受人乙洽談買賣價金。乙未詳查 B 地之實際位置,以為甲擬出售 A 地,即進行 A 地之相關資料閱覽、實地視察等程序,並與甲訂定買賣契約,惟該買賣契約所載之標的物為 B 地,甲、乙並就 B 地辦妥所有權移轉登記。如乙後來發現其事,得否請求塗銷 B 地之登記,並請求甲協同辦理 A 地的所有權移轉登記?

▶ 解 析 ●●

　　本例中的乙如得請求塗銷 B 地之登記,當係以意思表示錯誤為理由,而撤銷以 B 地為標的物的法律行為,如得請求甲協同辦理 A 地的所有權移轉登記,應是以民法第 348 條為依據,其前提乃是甲、乙就 A 地已訂定有效的買賣契約。

關於以 B 地為標的物的法律行為，乙先後已作成買賣契約的債權行為及移轉所有權的物權行為。民法第 88 條規定：「意思表示之內容有錯誤，或表意人若知其事情即不為意思表示者，表意人得將其意思表示撤銷之。但以其錯誤或不知事情，非由表意人自己之過失者為限。當事人之資格或物之性質，若交易上認為重要者，其錯誤，視為意思表示內容之錯誤。」本例中的乙誤以為 B 地就是 A 地，而以購買 A 地的意思，與甲為購買 B 地的上述法律行為，其意思表示的內容即有對於標的物「同一性」的錯誤，如乙係以購買 B 地的意思，而與甲為購買 B 地的上述法律行為，則是對於 B 地的性質之錯誤。由於土地的形狀、坐落位置及對外聯絡之道路等因素，均足以影響土地之開發、利用及價值之判斷，繼而影響購買者之意願，此等因素，無論在主觀上及客觀上均足以影響交易上之判斷，在交易上應認為是重要的性質，乙對上開因素有錯誤的情形，亦得視為意思表示之內容有錯誤，如果認定乙的錯誤非由乙自己之過失所造成，並在民法第 90 條所定除斥期間以內，即得依法撤銷之，但此等法律行為未撤銷前，並非當然無效。

乙如撤銷關於 B 地之法律行為，即得請求塗銷移轉 B 地所有權的登記，但關於 A 地部分，由於甲自始即無出售 A 地的意思，也未為出售 A 地的表示，即使乙「一廂情願」地願意購買 A 地，仍非雙方意思表示合致，亦未成立關於 A 地的買賣契約（民 153），故乙不得請求甲協同辦理 A 地的所有權移轉登記。

案例 4

甲欲購買乙之 A 地建築房屋，數度親自或託友人向乙表示購買意願，乙均堅定予以拒絕。甲之友人丙知其事後，向乙表示握有乙的緋聞及對丁為性侵害之證據，並以告發其事要脅乙出售 A 地給甲。乙為息事寧人，乃同意出售 A 地給甲並辦理過戶登記。三個月後，丁被乙性侵害之事被人發現，乙並被檢察官傳訊偵查，乙並以受脅迫為理由，向甲表示撤銷 A 地之買賣契約及移轉所有權之行為。請問：乙之撤銷有無理由？

◐ 解 析

乙得否撤銷 A 地之買賣契約及移轉所有權之行為，端視乙的意思表示是

否符合民法第 92 條之規定而定，該條規定之「被脅迫」有四項要件：⑴須有脅迫行為；⑵須相對人因脅迫發生恐怖及為意思表示（有因果關係）；⑶須脅迫人有脅迫之故意；⑷須其脅迫係屬不法。本案例乙之意思表示符合前三項要件，有問題的是乙所受之丙之脅迫，是否具有不法性？按脅迫的不法性包含三種情形：⑴手段不法；⑵目的不法；⑶手段與目的關連之不法。在本案例中，乙之出售 A 地及丙之告發犯罪均非不法，即其手段及目的均無不法情形，但因丙以告發乙犯罪為手段，脅迫乙出售 A 地，其目的不在回復因犯罪而生之損害，與犯罪行為不具有內在關係，可認定其脅迫具不法性。故乙得依民法第 92 條，撤銷 A 地之買賣契約及移轉所有權之行為。

📑 案例 5

　　甲有 A 地及座落在 A 地上之 B 屋，甲之獨子乙未經甲之同意或授權，擅自與丙就 A 地及 B 屋訂定買賣契約，由乙收受價金新臺幣 1000 萬元，並約定「於甲身故乙辦妥繼承登記後，即移轉 A 地及 B 屋之所有權給丙」。請問：

　　㈠甲知悉乙、丙間之交易後，非常生氣，心臟病發作而死亡，生前未就乙、丙間之買賣契約予以承認，乙辦理繼承登記後，丙得否請求乙履行買賣契約？

　　㈡如 B 屋因地震傾斜，甲將其拆除後，再仿原屋重建外觀及面積類似之新屋，乙辦理繼承登記後，丙得否請求乙履行買賣契約？

◐ 解　析

　　㈠本案例涉及法律行為的效力問題，如丙得請求乙履行買賣契約，乃以民法第 348 條為依據，其前提是乙、丙之間訂定買賣契約的行為有效。上述買賣契約如有問題，主要是出賣人乙並非 A 地及 B 屋的所有人，對於此等標的物並無處分權，該契約的效力是否因此而受影響？由於該買賣契約如屬有效，僅發生丙得請求乙履行契約之效力，A 地及 B 屋的所有權不因此而受影響，且民法第 118 條關於無權處分的規定，其適用範圍僅以處分行為為限，而不及於負擔行為，故該買賣契約不受乙無處分權之影響，仍屬有效，丙亦得請求乙履行買賣契約。

　　㈡乙、丙在買賣契約中記載：「於甲身故乙辦妥繼承登記後，即移轉 A 地

及 B 屋之所有權給丙」，該記載的內容在解釋上，尚非買賣契約所附的停止條件或始期，而是以甲身故之時為履行期，故並不直接影響買賣契約的效力。B 屋如因地震傾斜，甲將其拆除後，再仿原屋重建外觀及面積類似之新屋，該新屋與 B 屋即不具同一性，並非乙、丙間之買賣契約之標的物。如 B 屋在買賣契約訂定之前已被拆除，則乙、丙關於 B 屋之買賣契約乃是以不能之給付為標的，依民法第 246 條第 1 項規定應屬無效，但除去 B 屋之部分，關於 A 地的買賣契約仍可成立，故依民法第 111 條但書規定，A 地的買賣契約的效力仍得不受影響，仍為有效。如 B 屋在買賣契約訂定之後始被拆除，則乙、丙關於 B 屋之買賣契約並非以不能之給付為標的，應屬有效，故得請求乙移轉 A 地的所有權，但 B 屋既已拆除，關於 B 屋部分的買賣契約，已不可能履行，應依債務不履行（給付不能）的規定處理之（民 225 以下）。

案例 6

甲出資購買 A 屋，與乙約定，借用乙的名義，將 A 屋登記在乙的名下，並明示乙不得任意處分 A 屋。如乙將 A 屋出售給知情的丙，並辦妥 A 屋的所有權移轉登記，甲發現後，痛斥乙背信忘義。請問：甲得否向丙請求塗銷登記？

● 解　析

本案例的甲如得向丙請求塗銷登記，應是以丙的登記妨害甲對 A 屋的所有權，而依民法第 767 條請求除去丙的妨害，而其前提是甲對 A 屋有所有權。甲雖出資購買 A 屋，並將 A 屋登記在乙的名下，且約定乙不得任意處分 A 屋，但 A 屋的所有權為不動產物權，如甲欲取得該物權，依法應辦理所有權移轉登記（民 758 Ⅰ），不能僅憑甲、乙之間的約定，而使甲取得 A 屋的所有權。

在乙已取得 A 屋所有權的情形下，甲與乙約定乙不得處分 A 屋，即一般所稱之「借名登記」。最高法院對「借名登記」的法律性質，在 98 年臺上字第 76 號民事判決中指出：「稱『借名登記』者，謂當事人約定一方將自己之財產以他方名義登記，而仍由自己管理、使用、處分，他方允就該財產為出名登記之契約，其成立側重於借名者與出名者間之信任關係，在性質上應與委任契約同視，倘其內容不違反強制、禁止規定或公序良俗者，固應賦予無名契約之法

律上效力，並類推適用民法委任之相關規定。」

　　上述「借名登記」的契約屬於債權契約，按理並無對抗第三人的效力，故如本例中的乙擅自處分 A 屋，移轉 A 屋所有權給第三人丙，無論丙是否為善意第三人，均得因法律行為而取得 A 屋之所有權。不過，根據最高法院 98 年臺上字第 76 號民事判決的下述見解，丙如為知情的第三人，即應適用無權處分的規定：「出名者違反借名登記契約之約定，將登記之財產為物權處分者，對借名者而言，即屬無權處分，除相對人為善意之第三人，應受善意受讓或信賴登記之保護外，如受讓之相對人係惡意時，自當依民法第一百十八條無權處分之規定而定其效力，以兼顧借名者之利益。」

　　本書認為最高法院上述見解有待商榷。因為處分行為人須為「無權利人」，始得適用民法第 118 條關於無權處分的規定。該條之所以規定無權處分為效力未定，乃因權利人之權利受法律保障，不應直接使該權利受無權利人的處分行為的影響。借名登記的借名者甲對於標的物既無物權，其僅對於出名者乙有基於借名登記的契約而生的債權，亦僅受關於債權規定之保護。如乙違反借名登記的契約而為處分行為，對甲而言乃是債務不履行，甲得向乙請求損害賠償（民226），第三人丙如以此一方式侵害甲的債權，亦應負侵權行為之損害賠償責任（民 184）。但乙所處分的權利（A 屋的所有權），在法律上既非甲所有，即不得謂甲為民法第 118 條所稱之「權利人」，乙既為其法律上的權利人，也不得謂乙為該條所稱的「無權利人」，乙的處分行為自然也不是無權處分。

　　綜上，撇開最高法院上述的不當見解不論，本例中乙的處分不須得到甲的承認，即可生效，丙已取得 A 屋的所有權。甲雖得向乙依債務不履行規定請求損害賠償，並依侵權行為規定向第三人丙請求損害賠償，但甲不得主張其為所有人，而向丙請求塗銷 A 屋所有權之移轉登記。

1. Dieter Medicus 著，邵建東譯，《德國民法總論》(*Allgemeiner Teil des BGB*)，臺北：元照，2002 年 9 月初版。

2. 王伯琦，《民法總則》，臺北：正中，1963 年 3 月臺初版。

3. 王澤鑑，《民法學說與判例研究㈣》，自版，1982 年 4 月初版。

4. 王澤鑑，《民法學說與判例研究㈤》，自版，1987 年初版。

5. 王澤鑑，《民法學說與判例研究㈧》，自版，1996 年 10 月。

6. 王澤鑑，《民法總則》，自版，2000 年 9 月。

7. 史尚寬，《民法總則釋義》，自版，1973 年 8 月臺北重刊。

8. 李模，《民法總則之理論與實用》，自版，1998 年 9 月修訂版。

9. 施啟揚，《民法總則》，自版，2005 年 6 月 6 版。

10. 洪遜欣，《中國民法總則》，自版，1981 年 9 月修訂 3 版。

11. 陳自強，《契約之內容與消滅》，臺北：學林，2004 年 1 月。

12. 陳自強，《契約之成立與生效》，臺北：學林，2002 年 3 月 1 版。

13. 曾世雄，《民法總則之現在與未來》，自版，1993 年 6 月初版。

14. 黃立，《民法總則》，自版，1999 年 10 月 2 版 1 刷。

15. 黃陽壽，《民法總則》，自版，2003 年 1 月。

16. 楊與齡主編，《民法總則爭議問題研究》，臺北：五南，1998 年 10 月初版。

17. 劉得寬，《民法總則》，臺北：五南，1982 年 9 月修訂初版。

18. 鄭玉波，《民法總則》，臺北：三民，1995 年 8 月修訂 10 版。

19. 蘇永欽等，《民法七十年之回顧與展望論文集㈠》，臺北：元照，2000 年 10 月初版。

法學啟蒙叢書
——帶領您認識重要法學概念之全貌

在學習法律的過程中，常常因為對基本觀念似懂非懂，且忽略了法學思維的邏輯性，進而影響往後的學習。本叢書跳脫傳統民法教科書的撰寫模式，將民法中重要的概念，以一主題即一專書的方式呈現。希望透過淺顯易懂的說明及例題的練習與解析，幫助初學者或一般大眾理解抽象的法學觀念。

目前已出版：

本系列叢書陸續出版中……